マイナビ新書

マーケティング・センスの磨き方

黒澤 晃

マイナビ新書

はじめに

「新商品が売れていない！」

そんな速報が、あなたのもとに入ります。市場調査に1年を費やし、ターゲティングも、競合との差別化も綿密にし、顧客を把握しつくしたはずなのに、うまくいってない……、なぜでしょう。

これは特殊なケースではありません。

マーケティング・プロセスをきちんと積み上げ、データも徹底的に分析した、完璧なはずのプランニングが、期待はずれになる。そんなマーケッターや企画業務の方の悩みが最近は増えているのです。

新商品開発に至るまでも困難があります。練り上げたプランニングが得意先や社内で通らない。革新的なアイデアがプレゼンで理解されない。その結果として、膨大な資料集めや企画書作成、会議の連続が待ち受けている。

正しいはずなのに……、一生懸命やっているのに……。

その原因は何なのでしょうか。

ずばり、センスのある、なし、です。

今、まさに、マーケティング・センスが重要なキーを握っているのです。

私は、三十数年間、大手広告会社で、マーケティングとクリエイティブをやってきましたが、多くの優れた企画が、センスが足りないことで不採用になるのを見てきました。自分の仕事も例外ではありません。

しかし、ある時期から、センスに注力することで、困難を乗り越えることができるようになりました。筋道や理屈の正しさだけでなく、センスのチカラこそがマーケティングに不可欠だったのです。

センスは、生まれ持った才能でしょ、と言うなかれ。

私の長い現場の経験から言うと、確実にセンスは磨くことができます。あきらめる必要がない、後天的な能力です。少しのアドバイスで、生まれ変わったようにアイデアの質が上がる人もいました。プレゼンに的確な工夫ができるようになり、企画の実現率が上がった人もいます。

現代マーケティングは、市場環境の複雑化、情報の氾濫化など、目まぐるしい社会変化の新たな波に揺らいでいます。マーケティング・スキルのさらなる掘り下げと同時に、マーケティング・センスのチカラがなければ、もはやイノベーティブなソリューションはもたらされません。

たとえば、アイデアがどうしても欲しい時、ネットをいくら検索しても、深夜まで残業しても、うんうん唸っても、なかなか出るものではありません。それが、ちょっとした考え方や行動を変化させることで、確実にアイデアが出やすくなるのです。成功への確率がアップするのです。その「ちょっとした」スイッチこそ、センスであり、この本で詳しく解説しているものです。

マーケティング・センスは磨ける。

本書は概念的な説明ではなく、経験から導かれた実例を多く紹介し、マーケティング・プロセスの流れに沿って体系的に記述しました。目指したのは、すぐに「使える」、即戦・虎の巻です。

ただし、前提がふたつあります。

ひとつは、この本は実務のための実用書だということです。理論を学術的に説明するものではありません。マーケティング専門組織に属していない方で、その発想や手法が必要な方にも、役立つ内容になっています。

もうひとつは、マーケティング領域の中に、クリエイティブ領域もふくんだことです。クリエイティブ領域の市場を動かし、創造していくという役割は、マーケティングと同一であると考えたからです。したがって、広告制作、ＳＰ制作などの業務範囲をふくんだ内容で、マーケティング全体の一気通貫した手順を知ることにも本書は役立つはずです。

マーケティングは、今、企業や社会の未来をつくる仕事になりつつあります。従来の手法からの変化を求められてもいます。ブランド創造に必須なものにもなっています。そこにさまざまな困難や悩みはあるでしょうが、より良い未来のために、勇気を持って進んでいかなければいけません。

マーケティング・センスを磨くことで、その困難や悩みを解決できます。本書がぜひ、その手助けとなれば幸いです。

マーケティング・センスの磨き方

目次

第1章　センスアップへの近道は5つのC

第2章 集めるセンス

データ収集・分析がツボにはまらないのはなぜ？

第3章　商品づくりのセンス

あなたの商品企画案はなぜ、最終的に実現しないのか？

第4章　仕掛けのセンス
販促・広報・広告、顧客に近くなるほど常識的になるのはなぜ？

第5章　説得のセンス

あなたのチームの企画書は、なぜいつも冷めた料理のようなのか？

第6章　巻き込むセンス
あなたの企画がなかなか実現できないのはなぜ？

第7章　ブランディングを成功させるための7カ条

第1章

センスアップへの近道は5つのC

マーケティングは5つのCで考える

４つのＰではなく、５つのＣのほうがうまくいく。それが、日頃、マーケティングにかかわる仕事をしている私の結論です。この章では、その理由をお話ししていくことにします。

４Ｐとは、プロダクト（Product）・プライス（Price）・プレイス（Place）・プロモーション（Promotion）です。マーケティングでは、この４つの分類は今でも有効ですが、あまりに基本的過ぎてエッジにはなりません。

１９６０年代にアメリカで提唱された４Ｐ理論は、「つくれば売れる」時代のものですから、今の時代とはだいぶ環境が異なります。メディアひとつとっても、当然、携帯電話もインターネットもありません。マスメディアが全盛期にさしかかり、商品のＣＭが大量にお茶の間に流れていた頃です。

５つのＣとは、カスタマー（Customer）・コスト（Cost）・コミュニケーション（Communication）・コンプライアンス（Compliance）・クリエイティブ（Creative）

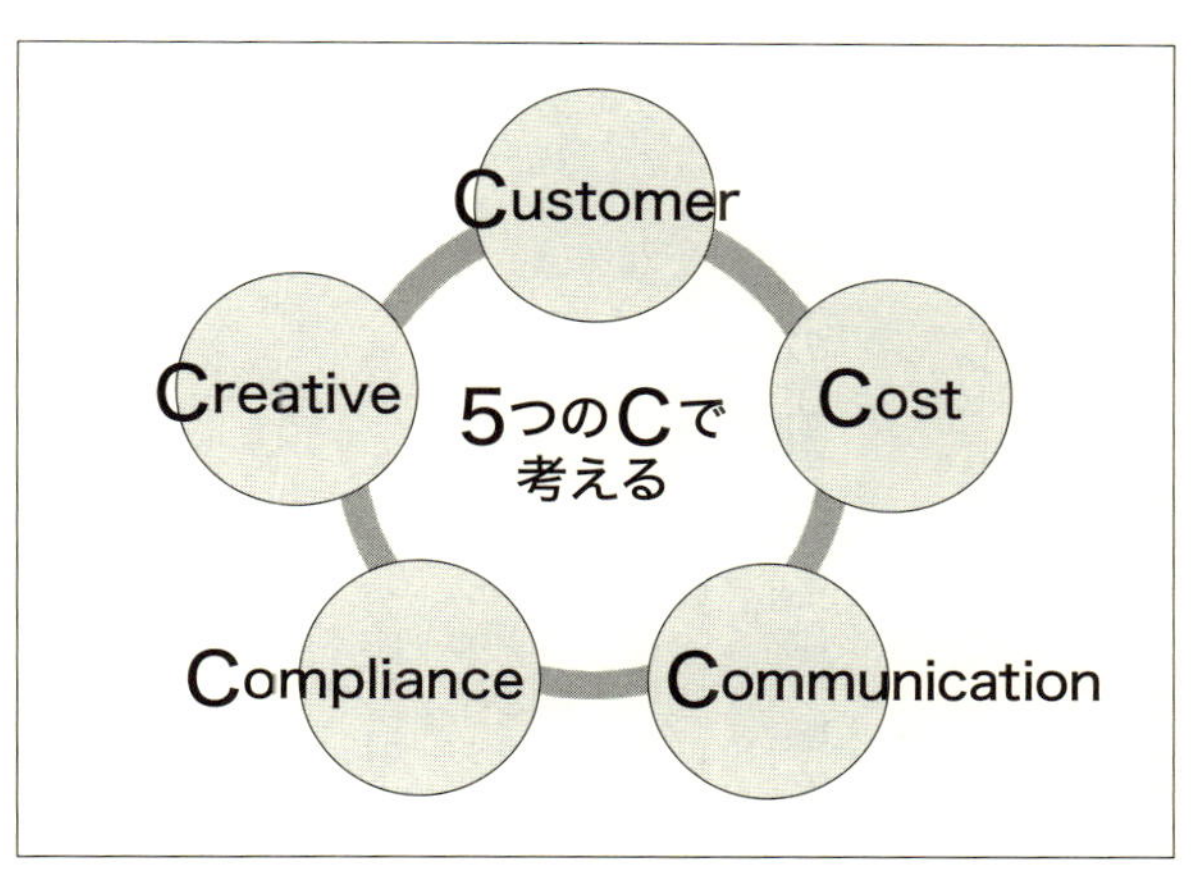

です。

この5Cは、理論というよりは、マーケティングの実務をやっていくうえでのチェックポイントのようなものです。みなさんが壁にぶつかったり、もっとブレイクスルーを望む時に、問いかけつつ深めていくことで、センスアップするポイントです。

たとえば、新製品の企画をプレゼンするプロセスで、どれだけ顧客の動向を明瞭に把握できているか（カスタマーのC）、製造・流通・販促をどういう最良のバランスで予算化するか（コストのC）、社内外との意思疎通を図りながらどうパワー化していくか（コミュニケーションのC）、企業として社会的な責任や法令をどう守っていくか（コンプライアンスのC）、そして、いかに創造的でアイデアに満ちたプランニングができているか（クリエイティブのC）をチェックするものです。

それだけで、頭の中が整理され、考えの方向を定めていきやすくなります。マーケティングの大海を進む際の羅針盤のようなものが、5つのCです。プロダクトアウトの時代ではなく、マーケットインの時代に適合するようにつくられています。

それでは、各Cをより深く説明していきましょう。なぜ、今の時代に、このCを考えるべきなのか、その理由を明らかにします。

マーケッターの仕事の90%は、顧客の発見にある

マーケティングは難しくなりました。その分野のナレッジ本をひもといても、専門的な横文字ばかり。市場分析といってもさまざまな手法があってどれがベストか迷う。ビッグデータといってもコストの壁が立ちふさがる（おそらく）。

全体戦略立案、商品企画、販促計画、広報・広告コミュニケーション、他部門との調整など、それぞれのプロセスにはそれぞれの難題があり、荒波にもまれる難破船状態にならないかという不安がつきまといます。

でも、よく考えてみてください。ポイントはただひとつではないでしょうか。

それは、カスタマー（Customer）です。生活者、消費者、お客様、顧客、ユーザー、ショッパー、クライアントといろんな呼び方をしますが、それを「知る」こと。マーケティングの中心にあるのはそれしかないのです。困ったら、ともかくカスタマーに戻ること。どうですか、少しは気が楽になりましたか。

「それはわかるけど、黒澤さん、カスタマーがどんどん把握しづらくなっているから、難しいんですよ」

そうですね、そこです。大いに理解できます。

私たちが消費者の立場でジュースを買う時、今や流通の選択肢は一体いくつあるのでしょう。ベンダー、コンビニ、大型流通店、酒屋、産地の直売店、ネット販売、通信販売……と実に多様です。逆に、ジュースを売っているメーカー側から見ると、各流通の顧客データ（ＰＯＳなど）を集めるだけでも大変、分析するのも大変、ということになります。

社会の仕組みがとても複雑になったことが、「知る」ことも複雑にしているのです。しかし、人には共通のものがあります。消費行動といった表層ではなく、もっと内なる欲求、欲望。あらゆる行動の源泉力。つまりインサイトです。性別・年齢・居住地・年収などを「知る」ことだけでは、真の顧客は見つけづらくなっています。

現代マーケティングはインサイトの発見ができるかどうかにかかっています。このインサイトは隠れがちですが、単純かつ明快な力で人を動かします。

ヒットの陰に、インサイトの発見あり

私の経験からお話ししましょう。かなり前になりますが、ある自動車会社が発売する新しいコンセプトの軽自動車の市場導入を考えていた時のことです。

このクルマのメリットは何なのか。

軽自動車は当時まだ「我慢グルマ」と呼ばれていて、税金が安くランニングコストがかからないジャンルのクルマでした。エンジン排気量が660㏄に定められた規格ですので、軽量化ができ、ガソリン代も節約可能でした。「本当は1000㏄以上のクルマ（リッターカー）を買いたいけど、軽自動車にしておく。安いし、2台目だし」。そんな消極的な選択肢がメインだったのです。一方で、軽自動車はリッターカーと比較すると、はっきりとした差別化があったとも言えました。

コンセプトが新しいクルマですから、インパクトを持ってデビューさせたいと思うのですが、打ち合わせをすると、軽のメリットをきちんと細かく主張すればいいという安全路線に傾きがちになります。ユーザー分析もそれを裏付けていました。メリットがあるのだから、メリットを明確に言うべし。まさに正論です。

そんな中で、ある時、グループインタビューが行われました。たくさんのサンプル数（母数）を設定して広く回答を求める方法とは違い、グループインタビューはユーザーの生の声を拾える調査手法です。その日はグループ人数も少ないデプス（深い）インタビュー方式でした。

ある主婦が言った言葉が私に刺さりました。

「経済的だとか、省エネだとか、小回りが利くとか、私は言われたくないです。『小さいクルマはこれだ！』と言ってくれれば、乗る気になると思います」

なるほど！　稀少意見でしたが、きらっと光りました。

たまたま乗っているクルマが軽なだけ、と見られたいんだな。軽の差別化なんて細かいことはどうでもよくて、私は小さいクルマの中でいちばんいいクルマだったから乗ってるのよ、と思われたいんだな。この「見られたい」「思われたい」が、まさにインサイトなのではないか、と直感的に思ったわけです。

多くのデータは、メリットをきちんと伝えろと言っている、が、ひとりのユーザーはメリットを言わないでほしいと言っている。

どっちが効果を生むのか。最終的に、私をふくむチームはこのインサイトのほうを大事にして世の中にこの新しいクルマをデビューさせました。軽自動車らしい表現をせずに、堂々としたスモールカーとして、です。

その結果、市場導入に成功し、軽自動車だけでなく、小さなリッターカーのユーザーも取り込んでいき、やがてベストセラーカーになりました。もちろん、クルマがスタイリングも性能も画期的だったことが最大のヒット要因です。が、インサイトの発見も大きく貢献したのは間違いありません。

マーケティングの罠に「データの鵜呑み」があります。母数が大きいほどこの傾向が生まれやすくなります。「母数1」に市場の真実がある場合もある。個ですからインサイトが見えやすい場合もある。あなたの目の付け所が問われます。

ビッグデータのエビデンス力は凄まじいものがありますが、インサイトの発見という視点で何がベストかを考え、それから何と何を組み合わせたらベストか、データのチョイスを考えることが重要です。

単純なデータによる現状分析発想では、もはやうまくいきません。顧客のインサイトを発見して、未来へ向かってどう動くかの種を見いだす未来動向発想こそキーであり、これから必須のマーケティング・センスです。

企画の質を決める3つのC

マーケティング作業を進めていくうえで、時として阻害要因になりうるものは何でしょうか。私は以下の3つのCだと思っています。

1つめは、コスト（Cost）です。

失われた20年、経済がシュリンク（縮小）する中で、日本企業は余分な出銭はないかと命がけでコストをチェックしてきました。大量のリストラを決断せざるをえない企業もありました。結果、多くの企業は不況を耐え、黒字転換をやっとのことでなしとげました。スリム化できるところを徹底的に洗い出し、筋肉質になりました。

そのような状況下で、投資をリスクとする体質が生まれてきたことも確かです。

どこかの大臣が「ナンバーワンじゃなきゃ、いけないんですか？」と言ったのが実にシンボリックです。ナンバーワンになるためには、コストがかかるのです。しかし、ナンバーワンになればその絶大な競争力によってコスト以上の利益を生むのです。そのサクセスの因果関係がまだ日本社会では慎重にとらえられています。

あなたがかかわるプロジェクトも「コストを使わずに頭を使ってね」などと上司に言われていませんか。「お金を出さずに知恵を出せとはどういうことだ！」と憤っているかもしれませんが、まあまあ、気を落ち着けて、うまくやっていくことに今は知恵を使いましょう。

まず、プロジェクトの大小にかかわらず、始まる前のコスト管理は絶対にしなければなりません。頭の中に青写真を持つことが大切です。スタートしてからお金がないと気づくのは最悪です。実は、企画、戦略立案をしているチームは、お金の読みが甘いという特徴があります。

次に、開発コストなど、トータル予算を管理している部署・部門とは常にコンタクトをとれる状態にしておく必要があります。情報をオープンにし、意思疎通を図りながらも、時には「戦う」気概も大切です。特に、あなたが業務のリーダーか、それに準ずる人であれば、なおさらです。

今のマーケティング部門が持っている悩みのひとつに「限られた予算で、高品質な商品づくり」があります。スケジュール管理もふくめ、計算外の事態が起こることもある程度予想しておかなければなりません。

さらに、目標数値をどうするかも大切です。目標数値には、6種類あると言われます。金額、頻度（件数、回数など）、率、時間、点数（満足度など）、スペース（面積、距離など）です。また、ＫＰＩ（Key Performance Indicators／重要業績評価指標）のように、実行の進捗を数値化するものもあります。

いずれにしても、目的達成のために、根拠ある数値設定をすることです。数字のインパクトは強いので、間違った設定は、危険な現状認識を生みますので充分なケアが必要です。


2つめは、コンプライアンス（Compliance）です。

作業が立て込んでくるとミスが起こりがちになります。アナログ時代であれば、ミスは拡大しません。当事者か部署内の数人といったところ。しかし、ネットワーク社会では、全社どころか、外部の協力会社にまで影響が及んでしまうという恐怖の拡散が起こります。

新人君のミスでも上司、役員が責任を取ることになります。土日に家で、資料を見ながら作業をしようと思っても、自宅でのPC作業を原則的に許可していない会社もあります。資料の持ち出し、USBメモリの管理などはもちろん、微妙な細部にわたってルール化が進んでいます。

コンプライアンスは絶対遵守しなければいけませんが、過剰反応が起こって、自由な発想、大胆な行動といったビジネスの醍醐味まで侵食されるのでは、との危惧もあります。しかし、単純に考えることがいちばんです。ルールだからきちんと守る、それ以下でも以上でもない、ということにつきます。

企業人としての責務は、この法令遵守にとどまりません。CSR（Corporate Social Responsibility／企業の社会的責任）の観点から、企画立案する製品・サービス・広告などが社会にいかに貢献できるかを念頭に置くことも求められています。利益やスケジュールの縛りがきつい中で業務をしていると、このCは、ついつい失念しがちなので、注意が必要です。

それと私が常々思うのは、会議の時間の重要性です。コンプライアンスのCと関係がなさそうですが、ネットワークから切り離された会議室の中は情報漏洩の心配はありません（大声を出さなければ）。その意味で、貴重な時間と空間なのです。

つまらない連絡事項ばかりで時間を費やさず、もっと自由な論議、アイデアの場にすること。その重要性をもっと認識したいものです。

3つめは、コミュニケーション（Communication）です。

当たり前の話、メールはとても便利です。スケジュール、資料、企画書、参考画像など業務に必要なすべてのアイテムを、パッと社内外のスタッフをチョイスして送信できます。お得意先とも場合によっては、マル秘事項を送れる、送られる。いやー、便利、便利。

ところが、最近、企業では問題点も出てきています。人と人が直接会う機会が激減していることです。

営業は得意先に足しげく通わなくなり、社内の部門同士の直談判がなくなり、同じ部でもメールはしているが話はしない。そんなバーチャルコミュニケーションが主体となり、リアルコミュニケーションが細っているというのです。在席率が増え、その時間のほとんどがＰＣと顔をつき合わせたメール関連作業。そんなビジネススタイルが増加しているのです。

もっと、会って話すことが重要です。話す機会は今の社会では意識的につくらないとつくれないかもしれません。人はメールのやりとりだけで、意思の疎通はできない生き物なのです。

私の場合、30年近く前に毎日のように会っていた得意先の宣伝部長さんとは、いまだに交流があります。あの時のプレゼンでの発言面白かったね、とか、きついことを言われましたね、とかお互いによく覚えています。画面上でのやりとりでは、こうはならなかったことでしょう。

部署内だけで解決できない問題があったら、いつもはメールで連絡している関連部署のキーマンに直接、会いに行くこともセンスのひとつです。初めは取っ付きづらかった相手も、やがて知恵を貸してくれるでしょう。くれぐれも、その時は一人で（せめて二人で）。大人数で行ったほうが気が楽などと思ってはいけません。覚悟を見られます。会えば、何かが動きます。

ビジネスの勝負所は、Face To Faceにあり、なのです。人と会って話すと、雑情報が飛び交います。長年の経験で言えば、この雑情報の中にどれほど仕事を活性化させる情報がふくまれていたことか計り知れません。

このコミュニケーションのCで忘れてはならないのが、ネットワークの構築力です。あなたが、泥沼にはまって抜け出せないような窮地にある時、救い出してくれるのは、意外な「知人」です。不思議にも、いつも一緒に働いている人ではありません。社外の人間が、思いもつかない知恵を出してくれたりもします。社内外にどれだけの味方関係をつくるかは、まさしくセンスなのです。

ネゴシエーションに長けた人や、リーダーシップに長けた人は、このCを大切に考え、結果、能力が高いタイプが多いものです。

以上、この3つのCは、使い方次第です。しかし、間違えると、大きな失敗に結びつきやすいことも事実です。この3つのCをないがしろにしないように注意することが肝心です。この3つをうまく使えば、仕事に推進力が生まれます。

クリエイティビティは、イノベーションを導く力

最後のCはクリエイティブ（Creative）です。創造性、発想、アイデア、思いつき。人に「なるほど！」を起こす力ですね。

この能力については、実に大きな誤解があります。

私は講演などで若い生徒にコピーライターの演習をやることがあります。たとえば、キャッチフレーズを書かせると、とても発想がユニークな子、視点に鋭さがある子がいます。「君のコピーはよかったよ」と言うと、10人に8人は「えっ、その手のことには小さい時から才能がないと思っていました」と意外な顔をします。

「小さい時から」「その手のこと」。不思議な思い込みではないでしょうか。自分が向いてないと勝手に信じている人が多いことにとても驚きます。

デザイン・アート界の巨匠、ブルーノ・ムナーリは著書『ファンタジア』の中で、カタチをつくれるのは選ばれた人間だが、アイデアを思いつくのはすべての人間にできる能力、という趣旨のことを書いています。

神様は不意に降りてきて、公平に発想をひらめかせてくれます。ただ、降りてくる回数を増やすには、少しばかりの訓練が必要かもしれません（後の章で説明します）。今や、マーケティングで成功するためには、創造性が必須になりました。社会は、構造的に変化をしています。地殻変動を起こしているのに、従来の建築物を設計しても意味がありません。従来の公式で市場を解析しても、答えは間違って出てくることもあります。

たとえば、よく商品やサービスの受容性についてリサーチしますが、今や、受容性の論議だけでは話が済みません。市場に受け入れられるか、の受動性ではなく、市場をどう動かすか、の能動性こそが、マーケティングのキーです。

発売前に意向調査をしたら、買うと答えた顧客予備軍がその商品を買わなかったなどという例はいくらでもあるようになりました。正解への導き方が違ってきているのです。

難しい局面を飛び越える「ジャンプ力」、それがクリエイティビティです。論理的な左脳優先思考ではなく、本能的な右脳優先思考が問われています。

マーケティング・センスを磨けばその能力は必ずアップします。

では、さまざまなセンスについて、次章よりマーケティング・プロセスごとに説明をしていきます。

第2章 集めるセンス

データ収集・分析がツボにはまらないのはなぜ？

データはある。あとはあなたの腕次第

データ収集のセンスから話を始めます。

客観的情報がなければマーケティングはスタートできません。まず、顧客を知る。市場を知る。大事な第一歩です。

事業や商品の戦略を立てるには、社会環境、市場環境、流通情報、顧客情報を的確に知っておくことが必須です。不確かな情報からスタートすると最終プロセスである新商品（新サービス）の市場導入、広告コミュニケーションなどが、知らずのうちにその「ずれ」を拡大したものになりますので、万全を期さなければなりません。

今の時代、多様な場所に多様なデータが存在します。

社内にも当然あります。各種の管理システムに、営業の週報に、コールセンターに、お客様相談室に……。ともかく企業内に大量のデータが存在する時代になりました(利用できているかは別として)。

しかし、それだけでは足りないこともあります。目的に的確にフィットしないこと

もありえます。その場合は、リサーチを行います。

ＰＣやインターネットが普及するまでは、このリサーチ方法はなかなか面倒でした。集められるデータも限られていました。飲料で言えば、サーベイ調査で１００人、つまりサンプル数１００に郵送アンケートや対面や電話で質問をし、「おいしかったか」「どんな時に飲むか」「健康にいいと感じたか」「どこで買ったか」「買う時に検討した他社商品は何か」などなど、細目にわたり聞いていくわけです。

この時、この飲料を飲んでいない未経験者もサンプルに加えておけば、「どうして買わなかったのですか」といった質問も入れることができ、データにより客観性・信頼性が生まれてきます。


その頃、私はコピーライターで、調査業務には直接かかわっていませんでしたが、この調査結果が上がってくるのをとにかく楽しみにしていました。自分の頭の中だけで芯をくったコピーを書こうとしても限界があるものです。市場や顧客の「事実」を目の前にすると、それだけでクリエイティブ・マインドがかき立てられ、さまざまなアプローチ方法が浮かんできました。

サーベイ調査と2本立てでよく実施されていたのが、前章で触れたグループインタビューです。5人から10人くらいのグループに、司会者が質問を投げかけながら、自由な意見を引き出します。クローズドな場かつ少人数ですから、生活者の「生思い」が聞け、反応する「生表情」が見え、大いに参考になったものです。

このグループを、たとえば、20代、30代といった年齢で選ぶとか、東京圏、関西圏とかのエリアで選ぶとか、対象が高額商品ならば年収別で選ぶとか、マーケットの実像を正確に把握しつつ、発見が生まれやすいように設計します。

ただ、もはや笑い話ですが、20代半ばと30代半ばでかなり特徴的差異があると思いきや、ほとんど差を見つけることができず、得意先からお金がムダでしたね、と思い切り言われ、へこむこともありました。

その他、2次データと呼ばれる、すでに世の中に出ているデータも活用していました。官公庁とか、団体とかが発表しているもので、信憑性もあり、ほぼ無料なので使い勝手はよかったのですが、一般的すぎる欠点がありました。

いずれにしても、定量と定性のリサーチを軸に勘もふくめて緻密な設計をし、かなり大変な作業と費用投下の末に、マーケティング上の問題点や発見を導き出していました。

ところがすべては大きく変わりました。コンピューターとインターネットが社会のインフラとなることで、データ革命と呼べる変化が進行しているのが今です。

企業内のシステムにデータは日々ストックされています。そして、ビッグデータへのドアはもう開いています。

端的にいえば、顧客の行動が隠されたものだった時代から、可能とあらば見られる時代になったということです。

コンビニでも、デパートでも、ネットでも、すべての消費行動はデジタル技術によりデータ化されますし、メールのやりとりもスマホのアプリもＳＮＳのプロフィールもデータ化されます。瞬時に、メガ・サンプルが細部情報を伴って、入手可能になったのです。

もちろん、顧客側から言えば、個人が裸になる危険を常々感じながら生きる社会になったわけです。

定量的なデータはもう手中にありますし、定性的観点から言っても圧倒的なサンプル数からある程度の実像がつかめるようになってきています。以前のように砂の中から砂金を見つけるような作業はしなくてもいいのです。

分析↓仮説でなく、仮説↓分析にしてみる

ただ、とても困ることが生じてきていると思いませんか。あなたがマーケティング料理店のシェフだとするなら、ずらっと並んだ素材をどう使い、どう組み合わせ、どう味付けし、どう調理するか。選択肢の多さに悩んでしまうでしょう。「いろんなデータが入手可能なんだけど、はっきり言って、どれがベストなのか教えてほしい……」。そんなつぶやきが聞こえてきます。

ではどうするか。ポイントは、仮説にありです。

「データ収集↓分析↓仮説の発見」の従来プロセスを変えて、「仮説↓データ収集↓

分析→仮説の再構築」ということ。

仮説は日頃、「もしかしたらこうかもしれない」と感じていること、「こうあるべきだ」と夢見ていること、「本当のところは違うのではないか」と疑問を持っていることから生まれます。

科学的でないのでは？　という意見もあるでしょう。しかし、あのガリレオにしても、落下の法則という「仮説」をピサの斜塔で「実証」しただけです。むしろ、仮説のないところに科学の大きな進歩はないのです。

仮説が大事？　そんなことは知っている、という意見もあるでしょう。しかし、意外と仮説を「結果予測」と誤解していることが多いようです。仮説にはブレイクスルーをふくんだ「提案性」がないと感動を得られません。

では、どうやったら、結果予測でなく、仮説をうまく立てられるのか。私は観察眼だと考えます。業務上での経験量もむろん大事ですが、それ以上に「ひとりの人間として」、世の中や商品を見つめる力こそが大事です。

日々の情報を知性というフィルターを通して捉えていく「マーケティング・インテ

リジェンス」という考え方がまさにそれです。

自分だったらこう考える、という思いの強さも必要ですね。仮説思考は、プロセスの進行をスピードアップさせます。意思決定の速さが求められる現代では、特に有益なセンスなのです。

データ化された「顧客」は本当に正しい「顧客」なのか

「見えない顧客」と「外れ顧客」について、お話しします。このふたつの顧客はとてもミステリアスです。

簡単な例で進めましょう。外食チェーン店があるとします。洋食系で、店内の装飾はヨーロッパ風ですが重厚でなくカジュアルです。オープンしてから3年、駅から徒歩15分ほど、まわりには3つのマンションや公団群が立っています。営業は、朝10時半から夜10時半まで。お酒類はビールとワインだけを置いています。

ここを利用するお客様のデータは来店時間、注文した料理、トータルの金額、人数、退店時間などがリアルタイムに近い早さで詳細にデータ化されます。

そのデータを見ると、メインのお客は子供がいる家族連れです。マンションや公団にお住まいの方でしょう。注文品数は多いのですが、一人当たりの使用金額が700円弱にとどまっています。夏にはビールが出るのでやや平均値が上がります。

最近、さすがに開店効果もなくなり、客数が微減傾向にあります。そこで、お店は作戦を考えます。まずはチラシをつくり、近隣に配布します。駅からちょっと距離があるので、駅前での配布は少なくして、マンション、公団で重点的にポストに入れます。

客単価800円超えがひとつの目標です。国産ブランドの牛肉を使ったカレーを新メニューに加えます。本来は1200円くらいの売価商品ですが、1000円でお得感を出します。目新しさで単価アップを狙います。一方、従来メニューの一部は値下げして、「安くてまた行きたくなる」来店頻度を上げるプロモーションも実施します。

そして、作戦は最初はうまくいき、客数は微増に転じ、客単価も上がりました。しかしです。3カ月もするとまた元に戻ってしまいました。もう一度プロモーションを実施すると費用がかかり、トータル赤字になるかもしれません。

閉店後、顧客データの読み落としがないかと、悩み多き店長は必死にパソコン画面を見ていて、初めてあることに気づきます。ごく当たり前のことなのですが、データを信頼するあまり盲点になっていました。

それは、来ていない顧客のデータはない！　ということだったのです。なぜ来店しないか、の理由はひとつも数値化されていない、つまり新規顧客獲得の戦略を描けない状態だったのです。

それから店長やスタッフは周辺に暮らす人たちにインタビューをしたり、駅からお店までの導線を細かに体験したりしました。なぜ来店しないか、の調査を自ら足で稼ぐ方法で始めたのです。

どんなに優れたデータでも、新しいマーケット開拓を１００％成功させる力にはなりません。未経験の市場を相手にするのですから当たり前です。来たことがない人を来ていただけるようにするのは、難易度が極めて高いことなのです。

「見えない顧客」をどうつかまえるかは、マーケティングの最大のテーマと言えます。

ひとつのデータを過信することなく、いくつかのデータを組み合わせること。自分の眼と足も使ってライブに調査分析すること。そして、どんなに些細でも新規顧客獲得のヒントになる事象は見逃さないことです。

ある時、悩み多き店長がデータを見ていると、夜9時過ぎに、常時5000円程度のオーダーをするお客様を発見します。週に1、2度。ワインを必ず注文していらっしゃいます。店員情報ですと、比較的若い女性で、時にはお友達とくることもあるそうです。

ただ、ボリュームゾーンからは外れた分布なので気がつかなかったわけです。ピン！　と来ました。ライフスタイルが浮かびます。

きっと会社で夕食を食べずに残業をし、駅から疲れて歩いてくる時に、立ち寄っていただいているんじゃないかと。ワインは今日の自分へのご褒美。明日への活力。インサイトを店長は発見したのです。

早速、本部に掛け合い、ワインの種類を増やし、おつまみ感覚で食べられるイタリアンメニューも追加しました。そうすると、少しずつですが、共通のライフスタイルを持つ女性たちが増えていき、以前は閑散とした閉店1時間前の死んだ時間が、今は華やいだ雰囲気になりました。

「外れ顧客」は未来への可能性を秘めています。平均値を重視し、一見リーズナブルですが批判されない分析ばかりするのは、マーケティング・センスがないと言われても仕方がありません。

「外れ値」は、新しいニーズの表れ。市場創造をするチャンスです。分析力とはチャンスを逃さないことです。私の経験で言うと、いいマーケッターには何かを発見せずにはおかないとする意気込みがあります。それはデータを活用する時のとても重要なセンスで磨いていけるものです。

100のデータより、飲み屋の会話

マーケティング・センスとは何なのか、を考えてみます。

マーケティング関連の仕事を何年もしているとスキルが身につきます。専門の知識とノウハウが毎日の業務を積み重ねることで、技能として備わっていきます。しかし、センスはスキルとはちょっと違います。

あいつはセンスがいい、は、感覚（感性）がいい、勘所がわかってる、という意味で使われている気がします。では、センスがいい、の反対語は？　私は「ズレている」だと思っています。

「めちゃめちゃ詳しいんだけど、ズレてるんだよなぁ、あいつの提案」と評される人がいますが、まさにスキルはあるがセンスはない典型です。

では、センスはどんな環境だったら生まれてきやすいのでしょうか。「考える時間」こそ、キーだと私は思います。

考える時間の場は、2つあります。オフィスワークとフィールドワークです。

オフィスワークは、主に会議になります。社外でやるケースもあり、クライアントやアライアンス先が主です。

考える時間と会議は密接な関係にあります。

しかし残念ながら、日本の社会ではそのことが深くは認識されていないかもしれません。会議は思考の濃度が大事です。

よくスローガン化されている「会議は1時間以内でスピーディに」「ダラダラ会議はやめましょう」などは最悪だと私は感じます。時間が大事なのではなく、中身が大事なのです。もちろん、何がテーマだかわからないがゆえに長時間会議になってしまう「ダメダメ上司」が、かつては多数存在したことも事実です。

しかし、1時間で解決がつかない難しい案件はどうするのかと思います。後日また1時間、その後日にまた1時間と刻みながらやるのは、逆に非効率です。私ならある程度の方向性が見えるまで、やってしまいます。そのほうが結果的に、時間が少なく済みますから。所要時間ばかり気にする「先送り会議」は禁物です。

現代における会議の目的は、考える時間、そして知恵をぶつけ合う時間の確保にあります。デスクでも考える時間をつくれるのでは？　という方、それは酷です。今、デスクは否応無しにＰＣでオペレーションをする場所になっています。

参考までに、クリエイターのアイデア出しの会議の様子を話しておきましょう。これは多少の違いはあっても、ほぼ世界共通のスタイルだと思います。

特徴は3つです。①違う職種の人間が集まっていること。制作（クリエイティブ）もいれば、営業もいれば、ストラテジーもいて、得意領域が異なるメンバーの会議体になっています。②具体物を見て論議すること。アイデアフラッシュをそれぞれが紙に書いて持ち寄ります。ひとりで考えたことをみんなで磨いていくメソッドです。③会議中は、アイデアに年功序列なし、が原則です。考える・思いつく・響き合う、をとても尊重している、濃度の高い会議形態です。

次にフィールドワークについて。

フィールドワークは、街や売り場やサービスカウンターや工場での経験。そう、飲みニケーションもここに入れておきましょう。

かつて私がオーディオの広告を担当した時、いろいろ迷い道に入ったことがありましたが、試聴に使うオーディオルームでクライアントの技術者の方とあれこれ話しながら、すごい臨場感サウンドを体験していたら、不意にアイデアが降りてきたことがあります。人間、デスクやオフィスで考えていることは意外と常識範囲内になりがちだなぁ、と強く反省しました。

実は、センスのいい人は、フィールドワーク能力を持っています。さらに、そこから得たライブな情報をベースにして、よく考えます。その結果として、ズレを人に感じさせることがありません。知識やノウハウをストイックに身につけるだけではうまくはいかない、ということは注目すべき事実です。

１００のデータより、飲み屋の会話。よく飲み、よく食べ、だけでなく、よく話すことで、考える力が上がっているのです。ただし、飲み過ぎると台無しですから、ご注意を。

オフィスから離れてフィールドに出ることで、仕事との向き合いを自由にする。そんな時間を自らが設計して実行する。そして、また仕事に集中する。そんな循環こそが、センスを育みます。

調査分析は結論でなく、未来への出発点

実際のデータを使って一緒に考えてみましょう。テーマはお弁当です。

仮にですが、ビジネス街の一画に、私たちはランチのお弁当の店を出そうとしているとしましょう。サラリーマンのランチ事情はどうなっているのか、はベースですからまず知りたい。お弁当を買っているのはどんな人？　どんなシチュエーションで食べている？　購入価格は？　次々に知りたいことが浮かんできますね。簡単に見ていきましょう。

調査タイトルは「ビジネスパーソンのランチと社員食堂に関する調査」（マルハニチロホールディングス調べ）。対象は、20歳から59歳の男女ビジネスパーソン。エリアは全国。有効回答数1000サンプル。調査期間は2013年9月18日から24日までの7日間です。

52ページの調査データ（図A）を見ると、ランチの行動には、4つのタイプがあることがわかります。お弁当を買う人、お弁当を持参する人、外食する人、社員食堂に

図A

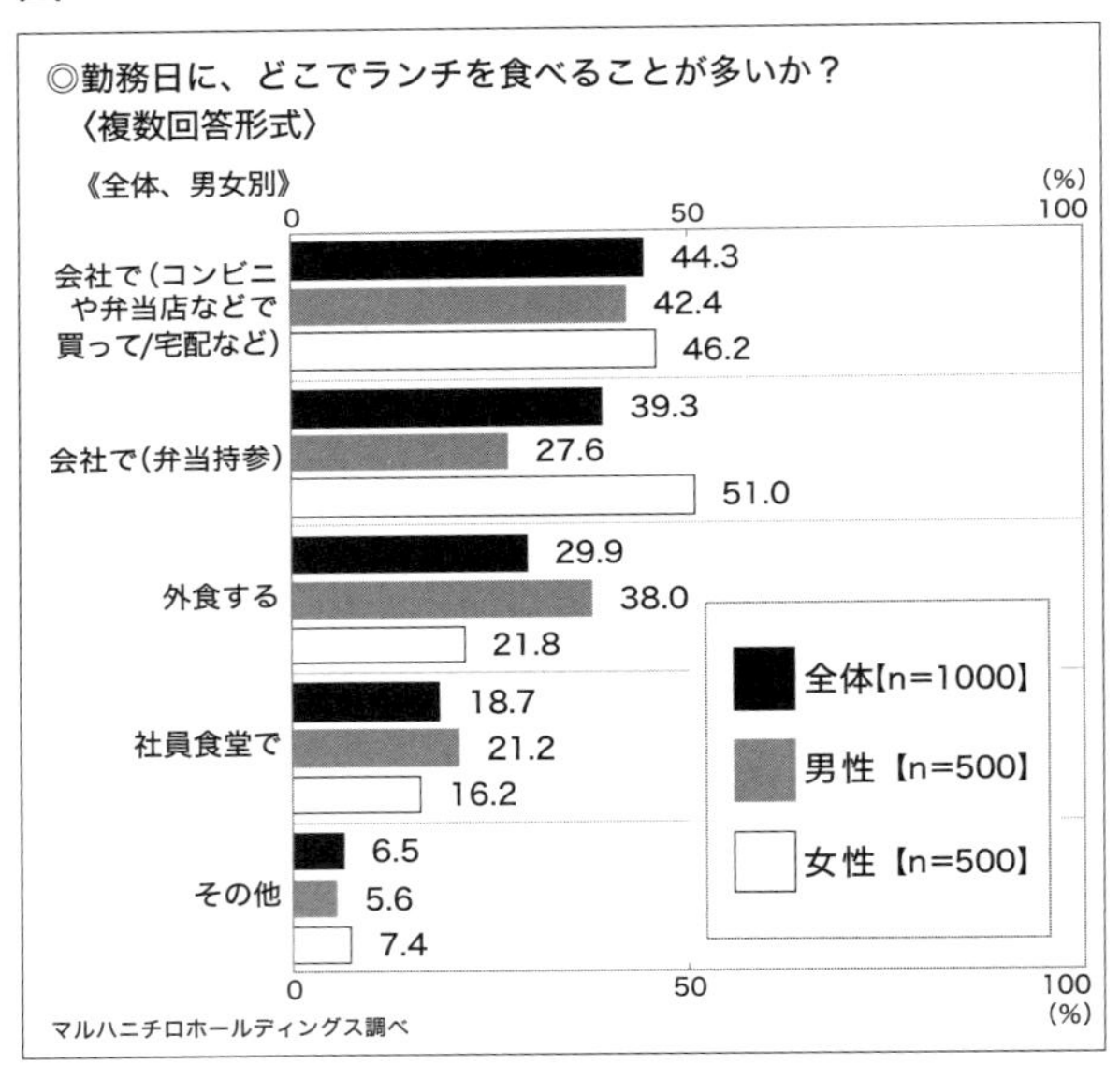

行く人。ちょっと驚きですが、外に食べに行くのはもう少数派ですね。多くのビジネスパーソンのランチは「会社でお弁当」になってきていると言えます。お弁当ビジネスを考えている私たちにとって、チャンスあり！　です。

　では、ランチは何を重視しているか、ランチに何を求めているか（図B。お弁当持参の方は省きます）。「値段が安い」がラ

図 B

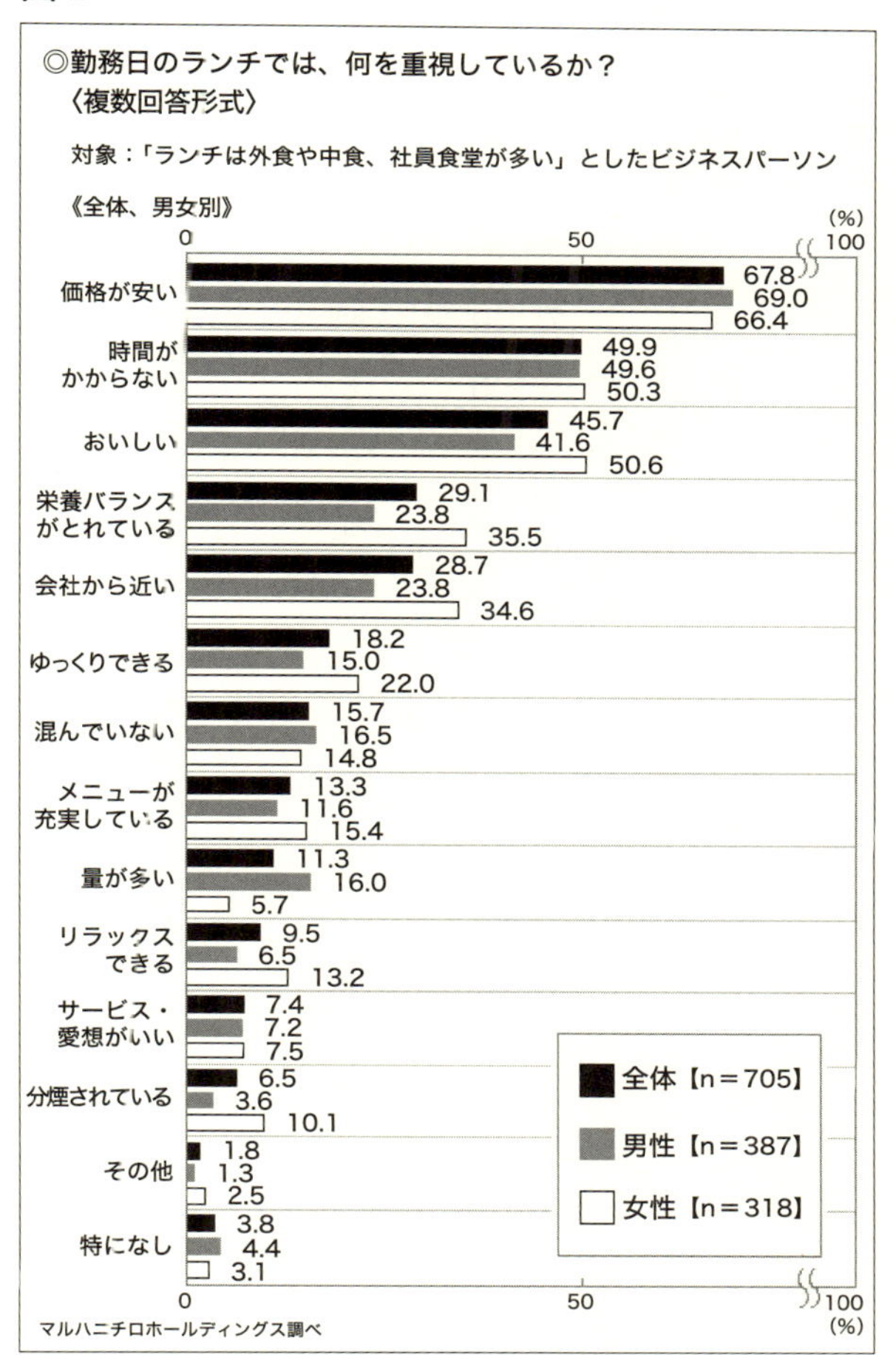
◎勤務日のランチでは、何を重視しているか？
〈複数回答形式〉
対象：「ランチは外食や中食、社員食堂が多い」としたビジネスパーソン
《全体、男女別》
(%)
0
50
100
価格が安い
67.8
69.0
66.4
時間がかからない
49.9
49.6
50.3
おいしい
45.7
41.6
50.6
栄養バランスがとれている
29.1
23.8
35.5
会社から近い
28.7
23.8
34.6
ゆっくりできる
18.2
15.0
22.0
混んでいない
15.7
16.5
14.8
メニューが充実している
13.3
11.6
15.4
量が多い
11.3
16.0
5.7
リラックスできる
9.5
6.5
13.2
サービス・愛想がいい
7.4
7.2
7.5
分煙されている
6.5
3.6
10.1
その他
1.8
1.3
2.5
特になし
3.8
4.4
3.1
全体【n＝705】
男性【n＝387】
女性【n＝318】
マルハニチロホールディングス調べ

ンク1位です。このご時世なので、ま、想像していましたが、70％近い数字はちょっと意外かもしれません。しかし、そこまで安さ優先になっているのは事実です。ランク2位は「おいしい」を上回って、「時間がかからない」です。4位は栄養バランスの項目になります。男女比の差が大きい項目ですね、ヘルシー志向にかかわる数字になります。

次に、ランチにいくら掛けているか、です（図C）。これも興味あるところ。ワンコインランチの時代とか言いますが、トレンドはここまでになっているのかと思います。ボリュームゾーンは500〜599円ですが、平均値をとると467円になり、ワンコインでおつりがこないと、割高感がするかもしれない状況になっています。

その他、図は割愛しますが、この調査の他データからは、行動形態として、男性は「おひとりさまランチ」、女性は「同僚ランチ」が多数派。一回のランチにかける時間は、平均26分！　男性に至っては22分！　と10分台突入も予想される「時短ランチ」になっています。

まとめると、こんなランチをめぐるライフスタイルになります。

図C

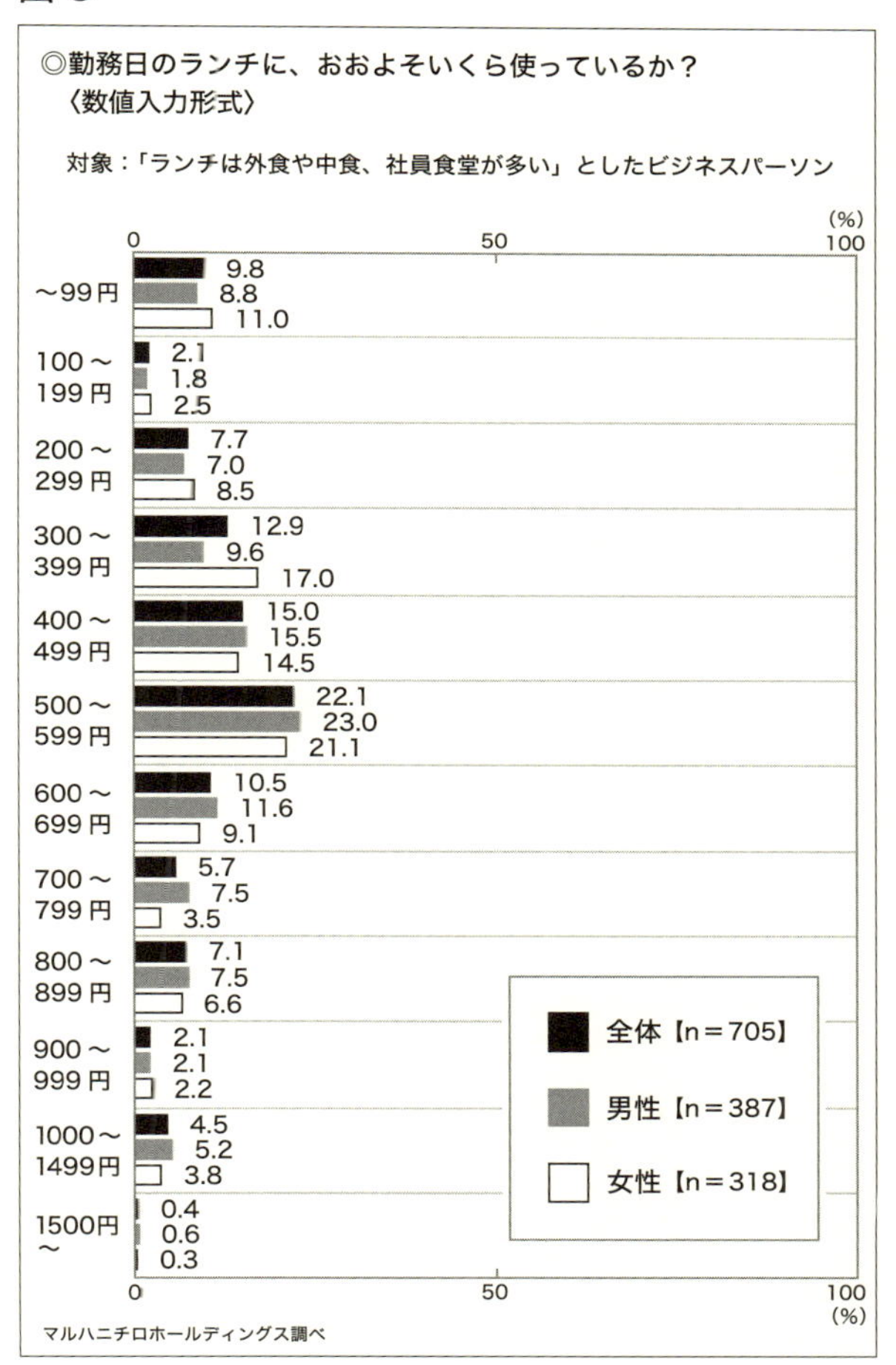

◎勤務日のランチに、おおよそいくら使っているか？
〈数値入力形式〉
対象：「ランチは外食や中食、社員食堂が多い」としたビジネスパーソン
(%)
0
50
100
～99円
9.8
8.8
11.0
100～199円
2.1
1.8
2.5
200～299円
7.7
7.0
8.5
300～399円
12.9
9.6
17.0
400～499円
15.0
15.5
14.5
500～599円
22.1
23.0
21.1
600～699円
10.5
11.6
9.1
700～799円
5.7
7.5
3.5
800～899円
7.1
7.5
6.6
900～999円
2.1
2.1
2.2
1000～1499円
4.5
5.2
3.8
1500円～
0.4
0.6
0.3
全体【n=705】
男性【n=387】
女性【n=318】
マルハニチロホールディングス調べ

「とにかく目安は500円、早く食べられることが大事だから、ビル内にあるお弁当屋さんやビル近くにあるコンビニで買って、席や打ち合わせルームで食べる。席では、朝チェックできなかったメールを見ながら。健康もケアしているから、カロリー少なめを選択している。おいしさは気になるが、今は安くてもそこそこおいしいからあまり意識はしない。早く食べて、午後の仕事の準備をスタートさせたい。午後一の時間に余裕がある日は、外食も考える」

ずいぶんといろんなことがわかりましたね。それが調査の威力です。さて、私たちのお弁当屋は、どういうコンセプトで出店したらいいのでしょうか。

価格は、500円まわりですよね、たぶん。思い切って、400円台前半に設定してみる手もあるかもしれません。でも、安くてもそこそこおいしい、が条件だと、大手コンビニやチェーンのお弁当屋さんの仕入れ力には負けるから、具材のコスト差は歴然としそう。おいしいをかなえようとすると、どうしても価格は上がります。

では、「時間がかからない」に注目すると、やっぱりおにぎりやサンドイッチ方向がいいのかな。しかし、それだとコンビニとの真っ向勝負になるし、勝てる可能性はあまり……戦いを避けながら新機軸を打ち出せるかどうか……。

なかなか、悩みますね。調査で顧客の実態がかなりわかったとしても、新商品や新店舗などの市場導入は競争相手が多く、生活者が成熟しているために、インパクトを打ち出しにくくなっています。鋭い分析により、新しい発見を導く。それがマーケティングの最重要課題になっていると言ってもいいでしょう。

競争が激しい領域、いわゆるレッド・オーシャン（血の海）に出て真っ向勝負を挑むか、競争がない新しい領域、ブルー・オーシャンに出て、新大陸を目指すか。どちらもリスクをかかえていますから、悩みます。いろんな条件を精査し決断しなければいけません。その決断もまたマーケティングの仕事です。

さて、この調査の中に、特異なデータがありました。図Dです。特異だと思っているのは私だけかもしれませんが、とりあえず見てみてください。

「おいしければ出せる金額の上限」（もちろんランチで）です。分布のボリュームとして3つの山があります。なかなか面白い分布です。中の山は、500〜599円。小の山は、800〜899円。大の山は、1000〜1499円、です。

図D

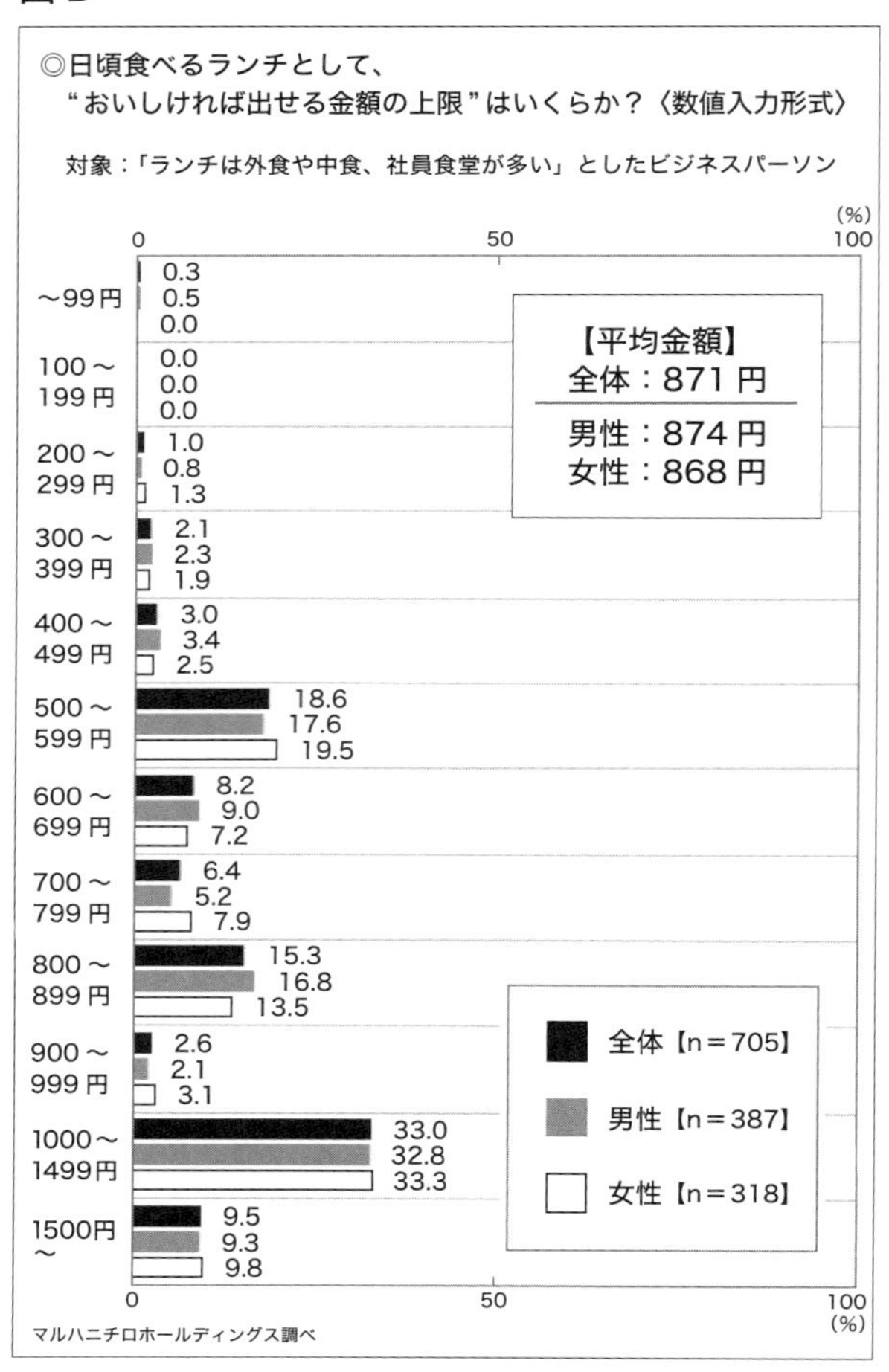
◎日頃食べるランチとして、
"おいしければ出せる金額の上限"はいくらか？〈数値入力形式〉
対象：「ランチは外食や中食、社員食堂が多い」としたビジネスパーソン
(%)
0
50
100
～99円
0.3
0.5
0.0
100～
199円
0.0
0.0
0.0
200～
299円
1.0
0.8
1.3
300～
399円
2.1
2.3
1.9
400～
499円
3.0
3.4
2.5
500～
599円
18.6
17.6
19.5
600～
699円
8.2
9.0
7.2
700～
799円
6.4
5.2
7.9
800～
899円
15.3
16.8
13.5
900～
999円
2.6
2.1
3.1
1000～
1499円
33.0
32.8
33.3
1500円
～
9.5
9.3
9.8
【平均金額】
全体：871円
男性：874円
女性：868円
全体【n＝705】
男性【n＝387】
女性【n＝318】
マルハニチロホールディングス調べ

普通の生活感覚で言えば、中の山は理解できます。今の500円ランチ時代のおいしさにさほど不満がない現状肯定派です。

で、問題は、1500円にも迫ろうとする大の山！　これはどう解釈したらいいのでしょうか。ランチにかかわるビジネスパーソンのインサイトの一端が垣間見えそうな気がします。

私ならこう解釈します。「ランチという日常から解放されたい異次元ランチ欲求。年に一度の、取ったぞ、海外旅行休暇！　の気分」

ビジネスパーソンのランチには、食事というお楽しみファクターに、ビジネスライフの一部というお仕事ファクターがからみついている。家族がいて学費や住宅ローンをかかえている人はご家庭ファクターもからむ。そんなからみから解放されるなら、高額ランチも全然あり！　とそんな内なる欲求の構造だと思うのです。

ここを掘り下げて、商品・流通・販売のシミュレーションを考えるのは、私的には、面白いと思いました。ブルー・オーシャンに乗り出そうという作戦です。

いや、違うという方もいるかもしれませんね。たとえば、おいしさは、たぶんに主観的だから個体差が際立ち、分布がばらついた（3つの山）だけなのでは、とか。マーケッターによっては、900～999円の山が異常に低いことに問題を発見するかもしれません。

いかがでしたでしょうか。実際は、もっともっと分析は複雑な作業になりますし、調査からの道筋も高度になりますが、目のつけどころというセンスが必要であることはわかっていただけたと思います。

ポイントは、調査データを収集・分析することは、現状の市場の事実を明らかにするだけでなく、次へのチャンスを模索することに他ならないということ。その意味で、結論ではなく出発点なのです。

センスの高い分析は、次へのアクションを開拓します。現状のまとめに終始するマーケッターは、数年後にはいらなくなるかもしれません。なぜなら、まとめだけなら、コンピューターが迅速に精確にやる時代が間違いなく来るからです。

マーケティングの基本は、人間とその生活への共感

「つくってから売る」ではなく、「売れるからつくる」を考え、構築するのが現代マーケティングです。

つまり、初めに生活者のニーズありき、です。自社の技術や販売店ありき、ましてや利益至上主義ありき、ではありません。

ニーズこそが王座に座っています。

ご存知のように、日本の生活者はかしこく成熟し、マスの時代は情報の受け手だったものが、インターネットの時代では情報の発信者になり、自己がメディア化し、「こと」を起こします。生活者が主役の社会では情報がいたるところに溢れ、新しいエネルギーを生み出しています。

情報を集めるスキルとセンスはマーケティングの最重要メソッドのひとつになりました。従来からそう言われていましたが、現在はその比ではありません。また、ＩＴテクノロジーにより、情報はリアルタイムでデータ化されます。

さて、ここで難しい問いがあります。人間の行動や欲望が高度なレベルまで数値化されてきた現在、それでも、新商品開発、新サービス導入、新流通施策など「新」が付く戦略がうまくいかないことが多々あるのはなぜでしょうか。

原因はふたつあります。

ひとつは、マーケティング業務の「未成熟」です。営業や技術部門にくらべると、仕事の概念や中身、ひいては目的さえも、まだ明確に定まっていないのでは、と感じる時があります。

マーケティングというと、人によっては調査分析をやっている単一組織をイメージします。経営企画とか営業企画とかは、マネージメントなのかマーケティングなのか難しいところです。クリエイティブはマーケティング機能のひとつなのか。コストセンターであるべきなのか、プロフィットセンターであるべきなのかも考えどころです。

そんな具合に、狭義と広義のマーケティング解釈と目的が混在している状況にあります。企業によって、その重要度がまちまちという現実もあります。

生活者が王座に座り、選択眼が磨かれ、未来が見えにくい今、マーケティングの役割を明確に定義する必要があります。

市場調査・分析、ＳＴＰと言われるセグメンテーション・ターゲティング・ポジショニングのプロセスだけでなく、製品戦略、流通戦略、コミュニケーション戦略といったすべてを統合した「売れる仕組みづくり」を目指すべきです。

ＡＩＤＭＡモデルのアテンション（注目）↓インタレスト（興味）↓デザイヤー（欲望）↓メモリー（記憶）↓アクション（行動）を理論でなく、具現化し実行していく。ネット社会の購買行動を取り入れたＡＩＳＡＳなら、アテンション↓インタレスト↓サーチ（検索）↓アクション↓シェア（共有）となりますが、要は、実践的かつ、統合的な機能こそ、今日のマーケティングの役割です。

いわば、街に「新しいショッピングセンター」という構造物をつくる時、そのトータルからディテールまでを、さまざまなスキルを駆使しながら、統合の視点で、発想し、創り、動かすことです。全体の仕組みをつくる。その意識を常に持たないとマーケティング業務は、悪い意味でパーツ屋に陥りやすいのです（昔も、今も）。

優れたマーケッターは全体視点を持ちながら仕事をしていると思いますが、「あとは、○○部におまかせ！」というタイプが多いのも現実です。マーケティング業務が統合的かつ広範囲になっていく。それはイコール、難易度も上がっていくことです。マーケッター自身も、自己鍛錬をし、マーケティング業務を成熟させていかなければなりません。

もうひとつの理由は、「個」が、どんどんと力を持ち始めているからです。

生活形態の概念化、ネーミング化、たとえば「ゆとり世代」などのジャンル分けではこぼれてしまう個別行動が増えています。ばらついては、集まり、またばらついて、今度は違う集まりをつくっていく、そんな分子のイメージ。

だから、その行動が捉えにくいのは当然です。CRM（Customer Relationship Management／顧客関係管理）によって、個人顧客と企業の関係を緊密にする、個のニーズに個の対応をしていく。そんな新しいメソッドも加速度的に広まっています。要は、すべては「個」に帰結しようとしているのです。ワントゥーワン（One To One）を大事にする流れです。

あれ？　と思いませんか。そう、はるか昔のビジネスに戻っているのです。マスコミュニケーションの技術がまだ根付かない時代、顧客と企業（個人商店ふくむ）の関係は、ワントゥーワンでした。企業人格と顧客人格は、まさに人間対人間の基本形だったのです。

これからは、マーケットを見る目には、人間の気持ちを理解するセンスがいります。昔、先輩から「消費者の気持ちがわからなくなったら、銀座のショーウインドーを見て歩くとか、映画を見てみるとかしたほうがいいよ」とアドバイスされました。その時は、息抜きの大切さを言っていると思いましたが、今は、人間を見つめることの大切さを言っていたのだとつくづく思います。その時は、忙しくてとてもそんなヒマがない、とそのありがたいアドバイスを流してしまいましたが。

使えるデータを効率よくスピーディに集めるためには、仮説が必要です。仮説には、人の内に灯っているインサイトへの考察が必要です。「人の幸せへの共感」と言ってもいいかもしれません。マーケティングには、この共感力が欠かせません。

たとえば、ＣＲＭにより顧客特性をつかんで狙い打つプロモーション・メール。企業側やマーケッターから見れば、ロスがない・効率がいい、かもしれませんが、顧客側から見ると「しつこい」と感じることがよくあります。なぜなら、その配信の仕方はとても機械的で一方的だからです。

個を見つめるためには、心理学や行動科学や脳科学の知識もこれからは必要になってくるでしょう。データを集めることにも、このインサイトを発見できるヒューマンなセンスが必要な時代が始まっているのです。

第3章

商品づくりのセンス

あなたの商品企画案はなぜ、最終的に実現しないのか？

強い商品をつくる秘訣

最強の商品づくりを近くで見ていたことがあります。

１９８０年代のソニーです。それはドキドキワクワクの連続でした。ウォークマンを筆頭に、オーディオとビジュアルの革命的商品が次から次へと生み出されていました。本当に凄かった。なぜ、あれほどのイノベーションを商品が持てたのか。その最強の秘密を私なりにひもといてみます。

１９７９年、ウォークマン発売。ウォーキング・オーディオという新しいライフスタイルを切り開き、市場を創造しました。その後、ラジオカセット、イヤー型ヘッドフォン「ヌード」、「ディスクマン」などでそのジャンルを生活に定着させます。映像領域では１９８０年、「プロフィール」発売。高画質モニターの世界を創造しました。

その頃、私はクリエイターとしてソニーの広告を担当していました。コピーライターでしたから、次から次に生まれる新商品のキャッチフレーズをどう世の中の人に訴えかけるか、必死に考えていました。とにかくインパクトがある商品ばかりですから、ふにゃふにゃな力のないキャッチフレーズだと負けてしまいます。

担当してびっくりしたことは数限りなくありますが、まずオリエンテーション。市場背景、商品コンセプト、競合商品動向など、数字をふくめたマーケティング上の前説明はほとんどありません。あっても、A4のペラ2枚くらい。まったくないこともありました。

「まず、見てもらいましょう」と開発者が言って、新発売前の製品が提示されます。突然な感じです。そうして、小さい製品なら机の上に静かに置かれます。

全員の眼がじーっと注がれます。今までに見たことがないカタチだぁ、とか内心思いながら、続けて「触ってみてください」と言われたりします。私たちはしばらく、デザインを右左横斜めから眺めたりしつつ、おそるおそるスイッチを入れます。その瞬間、あっ、と音が聞こえたり、なるほどっ、と映像がでてきたり。本当にドラマチックそのものなのです。

一通りの体験が済むと、「どうでしたか」と感想を求められ、開発者から、初めて製品の狙いや発売時期や価格が話されます。それも手短なことがほとんどでした。

オリエンテーションとは、仕事上の目標、方向性、関連情報の提示・共有ですが、ソニーの場合は、一ユーザーとしての製品体験が出発点になります。

製品に、見ればわかる、触ればわかる「感動」がある。これはとても重要なポイントです。あなたも、「あ、これだ、自分が欲しかったのは！」と商品に接して瞬時に思った経験があるはずです。

そういう瞬間感動を起こさせる力は、やはり生活者のニーズの中にあります。しかも、顕在化されているニーズではなく、「明言されていない」「真の」「隠された」ニーズの中に宝石の原石のようにひっそりと存在します。すぐれた商品やサービスのアイデアはそれを掘り起こし、コンセプト化します。インサイトを刺激するのです。

「ソニーがつくっているのは製品でなく、商品です」

あるソニーの方が言っていた言葉で、とても記憶に残っています。プロダクト自らが商いをする。第2章で述べた、現代マーケティングの目標「売れるからつくる」にも、通ずるところがありますね。

工場でつくられたプロダクトは製品ですが、市場に出た瞬間、商品になります。生活者との関係の中に放り込まれ、一人立ちをし、買ってもらえるように頑張るわけです。

ソニーは当時、他のＡＶメーカー（白物家電をてがけているところも多かった）とくらべて、圧倒的に流通販路が少ない短所がありました。チャーミングな商いを商品自らができないと市場で生き残れなかったのです。いい商品とはいいセールスマンでもあるのです。

ダイレクトパスの商品づくり

「面白いと思ったら、つくってしまおう」

ソニーの当時の商品づくりに流れていたスピリットです。商品企画に携わる人（経営者ふくむ）が、「こんな商品があったら生活が変わるよ、きっと」「自分だったらこんな商品が欲しいなぁ」。そんなパーソナルな思いの強さを大切にしていました。

現在のＣＳ（Customer Satisfaction／顧客満足）の顧客に接近するやり方ではな

く、むしろ顧客を裏切ることに熱意を燃やしていました（もちろん、結果的にはCSになるのですが）。

インナーの中に物づくりのエナジーが貯まり、発熱することはイノベーションを生み出す近道です。当時のトップである、井深大さん、盛田昭夫さんも、面白いものをつくって、世の中を動かしてやろうと企んでいましたから、会社ぐるみの冒険心です。積み上げ式で商品企画を進めていこうとは考えていなかったと思うのです。サッカーにたとえれば、ダイレクトパスの連続です。経営者が、商品企画や技術者にパスを送る。そして、市場（生活者）にパス。

さまざまなまわりくどさを排して、「市場を変える商品づくり」というボールを、1、2の3とスピーディにつなげていきます。その鮮やかなシンプルさの前に、ライバルたちはついていけなかったのです。

時代は大きく変わりました。市場も技術も生活も、すべて。生活を一変させるような商品は生みづらくなりました。しかし、当時のソニーから学ぶのは以下のことです。

企業内に世の中を驚かせようとする商品づくりエネルギーが満ちていること。そして、いい商品アイデアが素早く実現できる回路があること、です。

それは今でも大事な開発の原点です。が、忘れている企業やマーケッターが多いようにも思います。事情事情の積み上げは、いい結果を生みません。現在の私たちは複雑さを愛しすぎるところがあります。シンプル・イズ・ベストに常に立ち返ることはとても大切なマーケティング・センスです。

企業の文化と生み出す商品の関係

優れた商品開発に必要なのは、会社の「文化力」だというのが私の考えです。

企業によって、当たり前のように得意不得意があって、技術や性能の高さだけではそこをクリアできません。自社文脈（コンテクスト）に、製品という言葉がうまくのらない場合はよくあります。

会社の中にいて、社会をターゲットにする。自由気ままな生活者をつかまえようとする。会社原理で動いているマーケッターが、社会原理で動いている誰かのことを必死に知ろうとする。この二律背反こそ、マーケティング業務の悩みどころです。

こう感じたことはありませんか。「うちは徹底したCSを目指す」とトップが宣言しても、本当にできるのかなぁ、と。顧客第一主義と言うけれど、利潤追求がいちばんのプライオリティだからなぁ、と。データを分析し、グループインタビューをしても、目的は自社利益であって、そのフィルターがある限り、リアルな生活者のウォンツは見いだせないのでは、と。

結論を言うと、顧客をリアルに知ることは無理です。社内に壁があるケースもあります。

しかし、それを知るための積極的努力はできますし、そのセンスを磨くこともできます。ここに大きく関与してくるのが、その会社の持つ「文化」です。

グーグルのエリック・シュミット会長は、この混沌とした社会の中で、キーになるのは「スマート・クリエイティブ」たちだと言います。技術への知見性、ビジネスへの専門性、そして創造性の3つを持ち、驚くべき製品を驚くべきスピードで実現する人材。そして、その人々を社員として活躍させるためには、「文化（カルチャー）」こそ、モチベーションの土台と結論づけます。

文化は、平たく言えば、企業風土です。働く環境とも密接に関係します。

マーケティングの悩みの根っこにあるもの

ここで、最近のマーケティングの悩みを列挙します。この中には、その企業の文化が影響しているものと、そうでないものがあります。その違いを考えて行動していくことはとても大切です。

①企画書がほぼ完成したが、上司の考えとずれているような気がして不安。ここでつぶされたらやり直す根気も時間もない。明日見せる時、修正していくべきかどうか迷っている。そして、時計はもう夜10時すぎ。

②いいアイデアだと思ったが、打ち合わせで何度も修正を入れられた案件。今度、本部長と役員に僕がプレゼンすることになった。もはや自分のアイデアともいえない

ものをどう熱意をこめて話すのか。しかも、否定でもされたら目もあてられない。

③クライアントから発注された案件、付き合いも長いのでもはや世の中ではなく完全にクライアントを向いて進めている。時々、マーケッターとしてどうかと思う。

④若い女性の商品なので、ぜひ午後は原宿にでも行って行動観察したい。お店へも行っておかないと現場感がわからない。でも、忙しくて。それに最近、外を回る人も余りいないんで目立ってしまうかも。

⑤コスト、コストと言われるんで、つい小さな案件では、グループインタビューをやらなくなった。あり物データを加工してしのいでいるけど、本当はやったほうがいいよなぁ……。この頃、とみにコスト削減圧力が強まっている。

⑥いくつかの部署にまたがっている仕事が増えた。上司から関係各位に随時メールを打つように言われたが、誰までを入れるか、けっこう微妙な問題。最近、社内メールのやりとりで、異常に時間をとられている。社外メールもコンプライアンスのケアで神経を使う。腰を落ち着けて考える時間が欲しい。

⑦企画書作成がもはや仕事のメイン。しかも、分厚い。ケアの多さが枚数になってい

る。資料づくりも多い。どうにかしたいのだが。

共感していただいた方も多いのではないかと思います。最初にお話しした3つのC（コスト、コンプライアンス、コミュニケーション）が、かなりからんでいます。

さて、①と②は、程度の差はあれ、どの企業でも起こりうることで、会社員なら仕方がないでしょう（すいませんが、たぶん）。⑤と⑥は、時代的課題ですね。解決は必要ですが、社会的な動きも大きくかかわります。

問題は、③と④と⑦のケースです。これは、企業の風土によってかなり変わってくるでしょう。もちろん時代的課題もふくんでいますが、インナーの改革で変えられます。

③は提案型か、受注型か、どちらの文化を持っているかです。④は、顧客情報に対して、現場主義的か、否か。「事件は会議室で起きてるんじゃない。現場で起こっているんだ」のセリフがまさにあてはまります。⑦は、段取りを尊重する縦型の会社か、決定プロセスがシンプルで組織がフラットな会社か、です。

企業の文化ですから、良し悪しは一概には言えません。受注された仕事をベストな品質で実現することに重きを置く会社もあるでしょう。現場ばかりが尊重されてマネージメントが機能しないことも問題ですし、官僚のような組織が決定プロセスに慎重を期すのは当たり前です。

ただ、言えるのは、新製品やサービスやプロモーションの企画立案をしている私たちにとって、やりやすいのはどちらか明らかです。やはり、提案型であり、現場主義的であり、シンプルな決定プロセスが理想で、それを目指すべきなのです。

企業文化を変えるのもマーケティングの仕事

いやー、うちは、理想とほど遠いから大変です、という意見もありそうですね。しかし、企業の文化は意外と変えていくことができます。文化は、博物館に入っているものではありません。日々、社員のひとりひとりが、ひとつひとつの商品が、進行形でつくり続けています。常に更新されているものです。

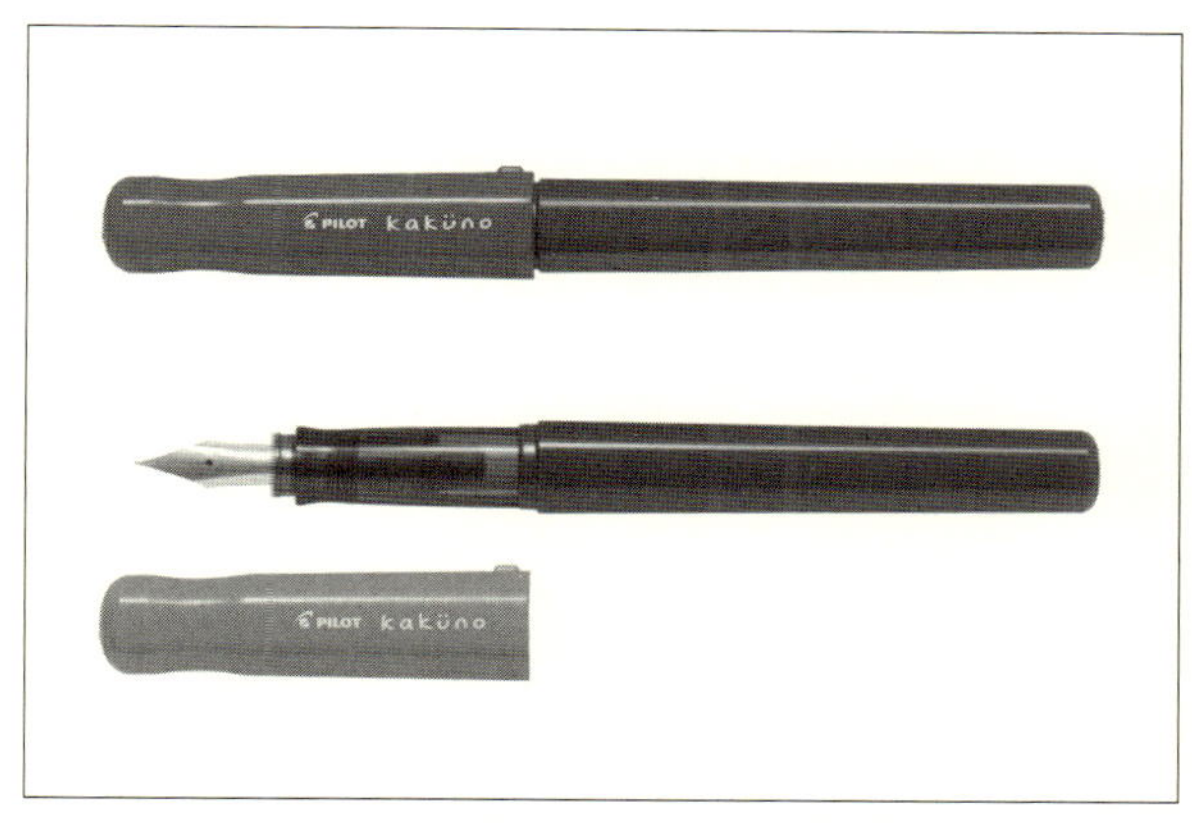

グッドデザイン賞を受賞したPILOT社の万年筆「カクノ」

例をあげます。パイロットの万年筆「カクノ」です。2013年、発売。現在、大ヒット中です。グッドデザイン賞も受賞しました。私も大好きな商品です。

文房具市場が、この5年（2008〜2012年）で10％も減少している中、発売まもなく50万本を売り上げた、驚きの万年筆ブランドです。

といっても、万年筆の概念を変えるような新テクノロジーがあるわけではありません。新しいのは、ターゲティングとインサイトの発見とデザインです。共感させるチカラがあります。まさにマーケティングの勝利です。

万年筆を使ったことのない世代がどんどん増えている市場環境があります。その中で、ターゲットを子供にしました。入門用万年筆の位置づけです。したがって、1000円の買いやすいお値段。しかし、書き心地は大人用の本格万年筆と遜色ありません。安くても、パイロット品質を貫いています（共感ポイント①）。

チャーミングなのは、そのデザイン。鉛筆のような六角形で、転がりにくい、持ちやすい。シンプルでカラフル。とにかく、書くことが楽しくなる。そして、ペン先に注目。正しいペン先の方向を知らせる「えがおマーク」がついています。これが、可愛すぎるほど可愛い（共感ポイント②）。

インサイトの発見も納得してしまいます（共感ポイント③）。デジタル時代になって、人は文字を書かなくなった。「書く」という動詞は今や「打つ」という動詞に置き換えられています。しかし、心の奥底で、実購買者である親の世代は、これでいいのだろうか、と密かに思っているのです（きっとあなたも）。

アナログ的な良さを子供に教えなければ、デジタル環境の中を成長していく子供は永遠にその良さを学ぶことはないのではないか。そして、それは、今！　で、もっともアナログで大事な行為は「書く」こと！

一方で、本格的な書き心地の万年筆を初めて与えられた子供は、喜びながら、字を学び、書くことの素晴らしさを身につけていきます。子供の入門用、という一言の中に、これだけのインサイトがふくまれているのが見事だと思います。

他社も、このジャンルに参入してきていますし、若い女性たちにも広がっていくでしょう。市場全体が活性化することで、また新しい発想の商品がデビューすることが想像されます。文房具の企画業務に携わっている人も、アイデアの自由度が上がると思います。

企業の文化を変えることもマーケティング業務のひとつです。むろん、商品企画を通して、利益を上げていくことがいちばんのミッションです。しかし、商品企画と企業の文化・風土は切っても切れない関係にあり、そこの理解がないと、なかなか企画が実現されず、好循環がもたらされません。

「文化」の語源は、ラテン語の「耕す」に由来しているといいます。その耕す行為は、まさにマーケッターの仕事であると思うのです。市場を耕し、ニーズを耕し、自らの会社を耕し、人の幸せを耕します。

収穫することばかりに重きを置かず、「耕す」意識を持って、日々の業務を行う。そのセンスがあれば、あなたのところに、さまざまな依頼という「種」がもたらされるでしょう。

顧客発想で商品をつくるヒント

商品づくりで迷った時のヒントをお話しします。
まずは、顧客の変化について確認しておきましょう。
「顧客はハンターになった」（『1分間コトラー』）
フィリップ・コトラーの言葉です。検索でいちばん安価な商品を探し、詳細な商品情報を入手しシェアする。私自身も、たまの海外旅行を計画する時など、もはや旅行会社へは行きません。エアラインも出発日も運賃も座席選びも、ぜんぶネットであれこれ比較し、選択します。

そう、「比較・選択」、この2つが自由に正確に行える社会では、どんな商品であれ、もはや私たちの獲物として手中にあります。

かつて、生活者は情報を付与され、商品やサービスを享受する立場に置かれていましたが、今は違いますね。自らの意思により、狩りに出かけます。消費行動の主体が完全に生活者に移行したと言えるでしょう。

もちろん、だからこそ、顧客第一とか、カスタマーリレーションとかを企業側、生産者側が打ち出さないと、立ち行かなくなってきています。

ハンターたちの前では、マーケティングの4つのPも風前の灯火のようです。

価格（Price）は、スマホでいつでもどこでもパッと比較できますし、流通（Place）はオンラインもあり、リアルもあり、のカオス状態、プロモーション（Promotion）はあの手この手を選択可能。製品（Product）もなかなか市場に定番として根付きません。

もはやメーカーの売価は流通の仕組みの中で意味をなさなくなり、その流通の価格も破壊されてきています。４Pをミックスして、マーケティングを考えるのは正しいことだと思いますが、その正しいことさえ、生活者による革命の前では「本当にそれでうまくいくの？」と感じられます。

生活者のニーズが王様で、顧客がハンターである時代に、新しい商品づくりをプランニングする際、何か虎の巻はないだろうか。ヒント集はないだろうか。

長年、マーケティングや広告クリエイティブに携わっていると、さまざまな事情をこえてうまくいく商品、サービス、ビジネスジャンルには、いくつかの方法論があるように思います。それをお話しします。

その前に、ご紹介したいのが、「オズボーンのチェックリスト」。ブレーンストーミングを利用した発想法で、商品アイデアを導き出す時に問いかけ形式で使われます。今でも、アイデアにつまったら、使うマーケッターもいるほど、優れたものです。

①他に使い道はないか（転用）。②他のアイデアを借りられないか（応用）。③意味やカタチを変えてみたらどうか（変更）。④大きくしてみたらどうか（拡大）。⑤小さくしてみたらどうか（縮小）。⑥他のもので代用できないか（代用）。⑦入れ替えてみ

たらどうか（置換）。⑧逆にしてみたらどうか（逆転）。⑨組み合わせてみたらどうか（結合）。

オズボーンとかぶるものもありますが、私は5つの方法にまとめてみました。いずれも顧客発想に基づいたものです。

方法①「小さくしてキレイにする」

製品を小さくすると、人の気持ちに近づきます。マイツール、マイグッズ……「マイ」がつく感じになります。持ち運べて、自由になり、使い勝手も広がります。そのため、新しいライフスタイルの提案になる場合が多いのです。

ダウンサイジングが、生活をアップサイジングする。ただし、この作戦は、プロダクトデザインを研ぎすまさないといけません。さもないと確実に失敗します。ライフスタイル提案には、デザインセンスが必須です。ダサいものを持ち歩きたくないですから。

まさしく、この「小さくしてキレイにする」の歴史的成功例がウォークマンになります。最近では、アイポッド(iPod)、アイフォーン(iPhone)です。「i」は「マイ」の意味に近いですね。洗練されたデザインでなければいけないことがおわかりになると思います。

方法②「上客だけをつかまえる」

市場が細分化されている今、ひと昔前のようにターゲットを広くつかまえる方法はムダが多いものになりました。ターゲットをセグメンテーションすることが、マーケティングの重要課題になっているのも当然です。

全員が買ってくれるなんてもう夢物語。しかし、セグメンテーションはとても難しい。そのことを実感されている商品企画畑の方も多いと思います。

マス発想の投網方式ではなく一本釣りですから、釣れない、つまり売れない時はかなりの惨状を呈します。リスクが大きいのも特徴です。

ならば、です。今買ってくれているお客様の中で、感度のいい層、もしくは、収入の高い層を狙い打とう。それが、上客だけをつかまえろ！作戦になります。

パイは縮小しますが、リスクは減ります。利益率を上げられる可能性があります。例としては、セブンイレブンのＰＢ（プライベートブランド）、セブンゴールドシリーズの「金の食パン」です。

ＰＢなのにこだわりの高品質。コンビニなのに高価格。菓子パンではなく、食パン。常識を破った発想が素晴らしいと思いますが、セグメンテーションとして、コンビニにパンを買いにくる客の中で、もっとも「価値がわかっている」人を狙ったとも言えます。

もしくは、食パンはちゃんとしたパン屋さんで買うと決めている「パン通」だが、コンビニ頻度が高い人と言ってもいいかもしれません。

中庸な選択をする層に中庸な価格で売るのは安心ですが、コモディティ化するのも早く、ブランド化するまでには至りません。最近では、そんな新製品が多い気がします。

この作戦のいいところは、コアなファンを獲得でき、そのファンは特性上、インフルエンス力が高いこと、そして、ブランド創造になりやすいことです。

「おいしいよ！　ＰＢじゃないみたい！　コンビニじゃないみたい！」という情報が信憑性を持って拡散します。

プレミアムビールも、私はこの作戦だと思っていますし、「星野リゾート」「ななつ星ｉｎ九州」もそう思います。違う言い方をすれば、感度の高い人に狙いを定めて、高付加価値を提供する、限定型顧客第一主義でもあります。

方法③「ひたむきさに共感させる」

人間、一生懸命取り組んでいる人を見ると感動します。砂浜でゴミを拾って海岸の美しさを守ろうとしている、混雑した町中でボランティアがおじいちゃんおばあちゃんのお世話をしている、町工場で研磨の仕事をもう40年もやっている……。

その姿は、大プロジェクトを動かしてんだよ、おれ、とか、最近売り上げ絶好調でさぁ、とかの、自己顕示や自己主張の姿より、清々しいと思う人が増えてきています。お金もうけ以外のひたむきさに胸打たれます。「ひたむきさ」「誠実さ」「約束をたがえない」。それが今の時代の感情です。

スターバックスの本質も、ここにあると私は思うようになりました。創立メンバーでCEO、ハワード・シュルツが著書『スターバックス成功物語』の中でこう言っています。

「創立者たちは純粋なコーヒーの信奉者であり、本物のコーヒーを知る少数の顧客に喜んでもらえれば満足した」

「ザ・サードプレイス」のマーケティング・コンセプトは鮮やかですが、スターバックスのオリジンはこの言葉に凝縮されています。

コーヒーを愛し、コーヒーを飲む人を愛し、コーヒーを飲む場所を愛し、それらを愛して働く社員たちを、愛する。

戦略以前の、このハートにファンは内側で共感しているのです。店舗スタッフには、いつもコーヒー文化への愛と仕事への誇りを感じます。顧客が共感しやすい「ひたむきさ」が、オピニオンリーダーを生みやすくし、推奨が広がっていくわけです。

ブランドであるかどうかを、顧客が意識するようになると、浮上してくる価値があります。それが永続性です。現在のマーケットにおいては、テクノロジーが顧客のニーズを刷新していくことが難しくなってきているので、なおさら、永続性の価値が高まります。

方法④「長く続いている老舗に学ぶ」

六本木の近代的ビルをぶらぶらしていると、中川政七商店、とらや、酢重正之商店（ダイニング）、茅乃舎などの老舗が元気にやっているのに遭遇します。ちょっとうれしい。ほっとします。年のせいだけではないでしょう（たぶん）。

日本には創業１００年を超えた老舗が10万社以上あり、世界でも類をみないと言われます。日本人は古い物が好きだから、というのは少し短絡的すぎるかもしれません。古いことが価値なのではなく、続いてきたことが価値なのです。

考えてみると、江戸から明治、大正、昭和、平成と日本は、価値観もテクノロジーも社会構造も大変動しました。この中で、よく１００年以上もビジネスを続けて利益を生み出してこられたものです。ピンチのたびに、知恵を絞りイノベーティブに動いたからこそ、今の日本の難しい市場環境の中でも、なお存在感を示していられるのです。

また、多くがものづくりにこだわってきた会社です。クラフトマンシップを愚直に貫いてきたことは本当にすごい。数多くの優れた老舗というお手本があるのですから、現代の日本の会社はもっとそこから学ぶべきです。

特に、顧客との絆づくりは大いに学べると思います。例として、サントリーのお茶ブランド「伊右衛門」はそんな老舗とのコラボが巧みで参考になります。京都の老舗「福寿園」の茶葉から抽出したという事実を価値にし、ブランドを確立しました。ネーミングも、広告のイメージも、京都の老舗を見事にストーリー化しています。

〝鎌倉シャツ〟の愛称で知られる「メーカーズシャツ鎌倉」も興味をそそられます。ある大手アパレルメーカーの方に、「今、注目している会社はありますか？」と聞いたら即座に、この名前があがりました。4900円でシャツをつくろう！と社長が決め、その価格の範囲で、素材から縫製からデザインからすべてを吟味し、できうる限りの高品質を実現しているメーカーです。4900円の理由は、ビジネスパーソンがシャツに出費できる金額だからです。

実は、メーカーズシャツ鎌倉は、1993年創立の新しい会社です。しかし、最初に働く人にとっての適正価格4900円を掲げたのが、お客様との絆を最優先にする老舗流を感じさせます。

さきほどのオズボーンの「逆転」発想でもあります。商品設計↓値付けを、値付け↓商品設計にすることで、価値をつくる。いわゆる、リバースマーケティングの具現化でもあります。

方法⑤「関係のないところに関係を結んでみる」

経済学者ヨーゼフ・シュンペーターが唱えた「新結合」という概念。難しそうだなぁ、と思われるかもしれませんが、現代を把握できる、使えるキーワードです。

経済の成長にはイノベーションが必要で、それは「新結合」によって現実化されます。

「新結合」とは、今まで結びついていなかったものを結びつけ、新たな運動を起こすことです。

たとえば、最近の新しいビジネス、ブックコーディネーター。本と人との新しい出会い方をプロデュースします。イベントスペースに本棚、スポーツショップに本棚、カフェに本棚。それぞれの場にあわせて、本棚の本はコーディネーションされます。ちょっと立ち寄ったカフェに本棚があり、思わず見ると、さまざまなジャンルの本が並んでいるけど、そこにはチョイスの意思がありセンスがある。しばらく眺めたあと、手に取ってみる。素晴らしい時間がそこに溢れ出します。

別角度から見ると、空間デザイナーとも言えますね。新結合的にひもとくと、「ブック」と「インテリア」の新しい結びつきです。

ここでは、ブックは従来の紙の印刷物ですし、お店も従来のスペース構造です。革新的技術はないにもかかわらず、新しいカルチャーが生まれているのがおわかりになると思います。今まであるものだけど、関係が稀薄だと思われていたものに線を結ぶことで、イノベーションが起こり、ムーブメントが起こります。

コンビニコーヒーも、新結合の一種かもしれません。コンビニも、コーヒーもちっとも新しくないのに、結びつけることで新しい価値が動き始めました。

コンビニにコーヒーを味わえる十分な空間なんてできないからムリ。コーヒーは個性あるカフェがこれだけ競合しているのでムリ。ふつうの発想だとそうなりますね。商品がおいしくて、低価格。その実現が最大の武器でしたが、いろんなムリをマーケティングの力が飛び越えました。

技術力に革新が望みにくくなっている現在、この新結合は革新を生み出すための有効な方法論です。新しい関係づくりは、遠すぎても近すぎてもうまくいきません。でも、日々、新結合を虎視眈々と考えていると発想するかもしれません。その努力がセンスです。

5つの方法論を紹介しました。もはや「使いやすいサイズの提供」「高品質の実現」「場の新たな創出」とかの、ありきたりなゴールでは、ブランド形成どころか市場の居場所さえ得にくくなっています。営業力や流通支配力におんぶに抱っこではなく、もっと新鮮なアイデアを考え、実行していかないといけませんね。

そのアイデア出しのヒントに役立ててくれたらと思います。

困ったら、逆算のマーケティング

業務が停滞して、なかなか前に進まない、手順は正しいはずなのに。そんな時、どうしたらいいかをお話しします。

ゴールイメージを持たないから、場当たり的になってしまうんだよ、と言われることがありますね。しかし、仕事に追われ、今日、明日の切迫した現実をさばくことだけで必死、ゴールイメージどころではないことがほとんどです。変化が激しい今時のビジネス、朝令暮改も当たり前です。しかし、そんな現状だからこそ、ゴールイメージを持たないといけないと思うのです。

私の経験からひとつ紹介します。ある日本の大手時計メーカーが新しいレディースウォッチ・ブランドを立ち上げる、その仕事に広告会社のクリエイティブディレクターとして参加させていただいたことがあります。

新商品開発を核として多岐にわたる業務でした。今までにないブランドをつくろう。今までのルールに縛られずにやろう。それは、ゼロからの出発でした。

この大事業にあたっては、各部門から女性のリーダーが選出され、プロジェクトチームがつくられました。営業販売、商品企画、広告宣伝など、まだ若い女性たちが新しいブランド・クリエイションの夢にチャレンジしたのです。

しかし、そう簡単にものごとは進みません。

製品づくりひとつにしても、カジュアルなものにするのか、フォーマルなものにするのか、どちらでも使えるものにするのか、顧客のTPOを考えていくと奥が深く底知れないものがあります。

フォーマルなものにするためには高級感、特別感が必要です。それをジュエリー方向でかなえるのか、デザインを尖らせる方向でかなえるのか、判断しづらいですし、カジュアルといっても、少しでもチープに見えたらブランドとしては即、終了します。さらに、銀行窓口業務をされている女性のカジュアルさとマスコミで働いている営業職のそれとは、だいぶ違います。

レディースウォッチは、精密機械ではなくファッションアイテムそのものですから、感性に訴えるところがないと売れません。ここも（ここここそ）大問題です。感性の領域は、きわめて難易度の高い領域です。答えが存在しないと言っても過言ではありません。

答えが見つけにくいから、女性プロジェクトをつくって、会社はその感性に期待しました。そのことがよくわかっているだけに、責任を感じ始めるとチームの自由な発想はついつい出づらくなります。

売れることだけを考えていると、デザインのエッジは弱くなりがちです。どうしても安全路線を目指すことになり、従来の商品の枠に収まるものになっていきます。

せっかく新ブランドをつくるのだから、新しいトレンドを創造しよう。冒険をしよう。その気持ちをプロジェクトメンバーが持ち続けていたことは、近くにいていつも勇気づけられることでした。

商品コンセプトはいちばん重要度の高いものです。日本国憲法で言えば前文です。全体をつらぬく理念です。明文化されることで、社内が統一化され、社外で差別化されます。

商品コンセプトがゆるいと、そのブランドの製品づくりはぶれて、筋の通らないものになり、とても共感できないものになっていきます。

　商品コンセプトの案は、いくつもつくられました。市場デビューの時期はもう決まっていて、かなり作業が後ろ倒しになっていました。ですから、製品のプロトタイプづくりもコンセプトづくりと並行して進んでいました。

　チームとしてこなさなければいけない課題が多いうえに、進行状況はそれぞれの部門部署にフィードバックしなければいけません。当然、変更を余儀なくされることも起こりえます。会議、修正、調整の繰り返しです。

　そして最終的には経営トップにプレゼンテーションをし、ゴーサインをもらわなければいけません。難事業です。しかし、このブランドは困難を乗り越えて、素晴らしい市場デビューを果たしました。

　成功の要因はいくつもあったと思いますが、確実にそのひとつが、ゴールイメージの共有です。この新・レディースウォッチを「誰に」つけてもらうか。その「誰」が、メンバー全員の頭の中にあったのです。まだほとんど何も決まっていない段階からです。

その「誰」とは、モデル出身のある女優さんでした。颯爽とした全体の印象と自分の意見をちゃんと言える内面の強さを持っていました。男性にこびずに、仕事から逃げずに、女性らしさを自然に出し、クリエイティブに生きようとする。そんな彼女がつける時計が、ゴールイメージだったのです。

イメージは具体的であれ。感性的であれ。それは、その商品が使われる場所や人の「絵」を考えることです。

調査、分析、問題点抽出、STPの決定などのマーケティング・プロセスを積み上げていくのではなく、いきなり具体的イメージをコアメンバーが共有する。初めにアウトプットイメージありき。その逆算のぶれない強さを私は経験しました。

クリエイティブの会議では、新商品のオリエンテーション後、みんなでこのイメージ化をすることがよくあります。

たとえば、新車であれば、「ねぇ、このクルマ、どこを走らせたらいい?」と言うと、海沿いの一本道がいいなぁ、サンタモニカとか、いや、海沿いでも曲がりくねった道かな、モナコとかになかったですか、そんな道。操縦性能が売りだから、曲がりくねったモナコがいいかも、地中海のブルーがはるかに見えて……うん、いい、いいかも。

全員、楽しそうに勝手にイメージしますが（それが大事です）、なんとなくゴールは共有されます。クライアントに、それをイメージボードというカタチで見せることもありますが、かなり説得力があるものです。最終的には、日本のテストコースで撮影になることになっても、まぁ、いいのです。

具体的なゴールイメージは、人をまっすぐ導きます。多少の雨風があろうと、ぶれることが少ないのです。長い地下道を進んでいる時、出口に明るい光が見えれば、頑張ることができます。光がなければ、不安で不安でたまりません。詳細なマップより、一筋の光が欲しいのです。

新商品、新サービス、新ブランド、そういう市場創造にからむ力仕事は、まず、初期のプロセスで、どういう場所で、どういう時に、どういう人が使うか、具体的にビジュアルを持ち寄って会議してみることをおすすめします。

近頃、マーケティングの仕事は、やや左脳的思考に傾きすぎています。右脳の持つ

「直感的に答えを見いだすチカラ」をもっと信じ、そこから逆算していくことはブレイクスルーを生み出すセンスです。

うまくいくコツは、会社人ではなく、一生活者になって、イメージしてみること。私だったらこう、こんな感じ、でいいのです。なるたけ自由に、楽しいシーンを想像してみるといいと思います。

一生活者になって、具体的なゴールイメージを浮かべることは、実は、顧客発想に近づいていることでもあるのです。

第4章

仕掛けのセンス

販促・広報・広告、顧客に近くなるほど常識的になるのはなぜ？

データは過去のもの。発想は未来のもの

調査・分析、商品企画の次は、いよいよ実行をプランニングする「仕掛け」のステージです。

いくら優れた商品であっても、世の中への打ち出し方を間違えると、失敗します。販促・広報・広告は、きわめて重要なもので、最近では、経営トップ自らが積極的にかかわって進めることも多くなりました。

マーケティングのプロセスの中で、このパートを「仕掛け」と呼ぶことにしたのですが、これは①顧客との接点づくり、②プロセスの総仕上げ、と位置づけられます。

新製品が生み出されるまでのプロセスは、全社を上げた業務になりますし、多くの社員がからみますし、水が流れるようにスムーズにはいきませんね。市場テストで数字がよくない場合、製品開発まで戻るのはまだ楽なほうで、商品コンセプトまで戻ることもありえます。考えただけでも、溜め息が出そうです。

アイデアや発想力が必要になる箇所がいくつもあるのが、現代のマーケティングで

す。それぞれの場で、新鮮な「何か」が求められます。

今の市場は、なるほど！　と思わせる感動やインパクトある納得を生み出さないと、ヒットしません。製品がブランドとして定着することもありません。


変革という視点で見ると、ビジネスパーソンには3つのタイプがあります。

まずは、ルールを守る人です。運用や進行に知恵を発揮しようとする傾向が強く、バランスを重視します。

次に、ルールを無視する人です。何でも無視するのは会社員失格ですから論外ですが、巧みに遵守と無視を使い分ける知能犯的なタイプもいます。

最後のタイプが、ルールをつくる人です。今行われている決まり事に問題点を見つけ、新しい決まり事をつくったらもっといい未来が生まれると考えるタイプです。革新のスイッチを押せる人たちです。

今、必要とされているのは、明白に最後のタイプです。ブレイクスルーがなければ、業績の好転が難しいからです。しかし、日本の企業を見ていると、ルールを守る派が

「重宝」されていると感じます。高度で複雑化する社内システムを運営するためには必要不可欠だからです。

しかし、このタイプは時として、ルールをつくる派の反対勢力にまわることが多く、大きく変えることのリスクに敏感で、時として改革案件を現状のオペレーション視点でつぶします。

ただ、ルールを守る派が8割くらいは存在しないと、会社は日常のエンジンを動かせないことも事実で、人材マネージメントとしては難しい問題です。いわば、会社の推進力にとって諸刃の剣です。

余談ですが、ルール無視のタイプは、ある年齢になると、きわめて有能な人材に化ける場合があります。長い目で会社が見られるかどうかにかかっています。

さて、あなたの部や局では、どんなタイプが多いでしょうか。ルール守る派ばかりだと提案力は期待値を超えませんね。

仮に10人のメンバーだと最低2人は、ルールをつくる派がいないとリーダーは企画の鮮度力保持に苦労するでしょう。社内を企画が通っていかないのは、この鮮度力、言い換えるとアイデア力がないケースが多いのですから。

さらに、守る派の中には、潜在的志向としての、つくる派が隠れていることもありますので、注意が必要です。一見、いい子ちゃん指向のタイプですが、実は、発想のジャンプ力や変革意識の強い子がいます。女性に多いかもしれませんね。

私は、このタイプには自分の意見を自由に言える環境をできるだけつくってあげていました。そうすると、盲点だったことをずばりと指摘したり、運用面からの新しいアイデアを出したりして、ずいぶんと貴重な戦力になりました。

プランニング業務を進めるうえで、人の活用や組み合わせをもっと熟考すれば、成果は上げやすくなります。

ルールをつくる人のエッジとは?

では、「ルールをつくる人」が持っているエッジの能力は何なのでしょう。それは、ずばり「問題意識力」です。

広告をふくめたプロモーション・センス（仕掛けのセンス）には、何度もお話ししている「アイデア力」「発想力」に加えて、この「問題意識力」が不可欠です。

ミッションを付与されて働いていると、多忙なこともあり、この「問題意識」を飼い馴らしがちになります。「不平」「不満」を持つことは多いのですが、それとはまったく違うものです。

どこが違うか。不平不満は、フォーミー（For Me）です。会社のことや社会のことをネタにしていますが、要は自分のことを言っています。不平不満は簡単に言えばストレスです。

問題意識は、フォーソサイエティ（For Society）です。自分が社会（会社もふくんでおきます）を幸せにするには、何をするべきなのか、何が足らないからうまくいっていないのか、を客観的に感じることが出発点です。

ですから、問題意識は、顧客の意識に近づくことでもあります。「ここが変！」とか「〇〇だったらいいのに！」「ルールを変えたらいいのに！」とか、顧客の声があなたの声にもなります。顧客との接点づくりが仕掛けの目標であるならば、まさに

「問題意識」の深さがキー・センスになるのです。

問題意識とアイデアとプロモーションの関係を端的に表す例をお話しします。ビートルズです。

1968年発売の「ヘイ・ジュード」(Hey Jude)。7分11秒という、シングルカットされた曲としては前代未聞の長さでした。後半の、ララ～の大合唱パートは延々のリフレインという感じですが、ここが好きと言う人もいますね。

ビートルズは実はレコードセールスにもとても熱心なバンドでした。ま、当たり前のことなのですが。売れるためにはどうしたらいいか、どうインパクトをつけるか、どう話題になるか。そんなプロモーショナルな志向が強かったわけです。

素晴らしすぎるほどのメロディとアレンジですが、もし、この曲が2分の長さだったらどうだったでしょうか。これほど売れなかったのではと思います。

では、なぜ、7分を超えようと企画したか。それは彼らの問題意識にありました。

当時のラジオ局(音楽のメインメディアでした)は、1曲2分半くらいまでしかオンエアしなかったのです。どんなにいい曲でも途中でバシッと切られてしまいます。

作り手の意思には関係なく、です。人気絶頂だった彼らは、このルールに一石を投じました。「変じゃない？　それって」と発想したわけです。

結果、イギリスのラジオ局は、「ヘイ・ジュード」のフルバージョンを流しました。前半だけ流すのでは意味のない曲だったからです。ポピュラーミュージックのアーティストとメディアの関係が変わった歴史的瞬間でした。あっという間に、その話題も、「拡散」をしていきました。

過去現在のデータを見て問題意識が生まれる。問題意識がアイデアになり、顧客との関係がいいものに変わる。いちばんの上流に「問題意識」を置くことで、企画作業は大きく変化します。芯が定まり、人を動かすパワーを生むことができるのです。マーケティングで、未来をつくる時に欠かせないセンスです。

顧客との接点ではアイデアが効く時代

柔軟な発想がないと、効くプロモーションはできない。そんな時代に、何をケアすればいいのか、お話をします。

テーマは、発想を変えるために、やり方を変えよう！　です。

①顧客のすぐ近くへ行こう

デスクでPCの前にいると、世界中の情報をネットで入手できます。しかし、すべてはバーチャル情報で、ビビッドな価値を持ってはいません。そこを間違えないようにしたいものです。

製品開発や店舗開発をしているマーケッターがいたとしたら、他社や地方もふくめ、さまざまな流通現場に出向いていき、リアルな観察をしなければなりません。顧客を「知る」のではなく、「感じる」ことこそが、本当の情報価値です。

不思議なことに、アイデアのスイッチは、場所が変わると入りやすくなるようなのです（これについては、後ほど説明します）。

つまり、あなたが多くの時間を費やしている愛すべきデスクから解き放たれて、消費の現場の空気に触れたその時にアイデアが生まれるのです。

時間の使い方を中心に、今のワーキングスタイルを顧客接触型に少しでもシフトすることをおすすめします。

②思考を遊ばせる会議をしよう

会議はとても重要なものですが、どうも形式的なものが多いように思います。情報共有と言いつつ、とりあえず部のみんなで集まるだけの会議とか、連絡事項で終始する会議とか……。

自由闊達に意見をぶつけあい、みんなで高みに登っていくようなエキサイティングな会議！　そんな広場で遊ぶような感覚の会議がまさに今、必要ではないでしょうか。発想を豊かにするためのミニ・ワークショップです。

全員恥ずかしがらずに、どんな思いつきでも話します。雑談が発見につながっていきます。アイデアは楽しいと思うことで、数倍生まれやすくなるものです。

会議体を少しでもクリエイティブ・シンキングの場に変えていくことをおすすめします。

③クリエイティブなパートナーを見つけよう

人間ひとりでは何もできない、と言われますが、ついつい、ひとりで残業しながら企画を考えたりするもの。でも、同じ円の中をぐるぐるとまわるだけで、出てくるのは似たような案ばかり。

この円の外側に出られないのは才能がないからなのか。きっかけを求めて、ネット検索を繰り返す。そんな経験はありませんか。

昔、「ひとりよりふたり」という名キャッチフレーズがありましたが、まさにあなたに足りないのはそれです。人間の相性は普通なのに、仕事の相性がぴったりな人がいるものです。後輩でも先輩でも、肩書きに関係なく必ずいます。

考えがどんどん出やすくなって、企画が核心をついてくる。そんなオーラを自分でも感じるし、相手も感じているのがわかる。ちなみに、広告制作の世界では、デザイナーとコピーライターでこういう名コンビがたくさんいます。創造性は意外とひとりでは発揮しづらいものなのです。

スタッフは会社が決めるものと考えずに、いい仕事のパートナーを自分で探してみることをおすすめします。

④メモは書くより、読み返すもの

今までの3つとはちょっとレベルが違うアドバイスになります。かなり個人的なツボなのですが、ご紹介したいと思います。

ふつう、会議や打ち合わせなどでメモをとりますね。スケジュール系や、忘れてはいけない系など。PCやスマホに打ち込もうが、ノートに手書きだろうが、どちらでもいいのです。ふと「思いついた」ことを、ちゃんとメモしていますか。

人の話のトレースでなく、自分の頭の中をトレースするためにです。

コピーライター出身の私は、ちょっとしたキャッチフレーズの断片が浮かんだりします。比較的最近のものでは、「正解は正快」「センスは努力の別名です」「それって、積み上げ式?」などなどがあります。ま、この本を書く時に浮かんだことですね。

で、おすすめしたいのが、その思いつきメモを「読み返す」ことです。この「読み返し」がポイントです。読み返すと、メモに脳が刺激されて、また新しい思いつきが浮かぶことが多いのです。悪貨のような思いつきでも、意外と良貨の思いつきを生み出すことがあります。

現代のビジネスパーソンは、超多忙ですから、この「返す」という行為が少なくなっている気がします。読み返し、見返し、考え返し（そんな日本語はありませんが）。そこにはまた新たな発見がありますし、精度を高める意味でもとても有効です。

①から④まで、発想を変えるためにやり方を変えてみよう、という話をしました。顧客との接点づくりは、直接、反応が返ってくるので、やり甲斐があります。小規模のイベント企画でも成功すると苦労を超えた大きな喜びがあります。

人の気持ちを動かし、ファン化する。そのためには、会社組織にいながら、社会を感じられること。面白い！　楽しい！　そんなことを仕掛けるために、まず、あなた自身が、頭を柔軟にして、面白く楽しくやること。その2つが、必要なセンスです。

価値を動かすと、人も動く

価値（Value）の話をします。

顧客価値づくりの３本柱にＱＳＰがあります。クオリティ（Quality）、サービス（Service）、プライス（Price）です。これに、私はもうひとつをプラスしたいと思います。その話をしましょう。

顧客との関係を新しくしたい時、価値を新しくするのが基本です。新しい価値をつくらなければ、新規顧客はなかなか開拓することができません。

新規開拓せよ、と営業のトップが号令を発しても、商品やサービスの価値が従来のままだとうまくいきません。足と汗とゴルフの営業スタイルでは、限度があります。飛び込み営業の成功確率は低いものです。

しかし「新しい機能を開発した」「量を2倍にして価格は従来品と同じです」など と新価値をプレゼンできれば、相手は興味を示してくれるはずです。新価値はそのまま新しいセールストークになります。価値とは売れるチカラのことです。

しかし、機能や価格やサービスを声高に訴求するプロモーションをしても、意外に商品が動かないことがあります。なぜなのでしょう。

価値をめぐる例を見て、考えていきましょう。

1953年、ソニーはベル研究所から、トランジスタのライセンスを取得します。焼け野原がまだ残る東京で、技術者たちは新しい製品づくりに奮闘していましたが、会社の業績は芳しくありませんでした。そもそもトランジスタのライセンスを取得することさえ、そんな小さな会社が大丈夫なのか？　と思われました。

トランジスタには真空管にはないメリットがありました。小ささと性能の良さです。技術部門のリーダーであった井深大はそれを初めてラジオに使いたいと夢見ていました。当時、ラジオの心臓部であった真空管をトランジスタに代えれば、ラジオが小さくなり、感度は上がると考えたからです。

当時のラジオは、家具のひとつでした。リビングにどーんと構えていたものです。なんといっても、ラジオ工場に家具職人がいた時代ですから。小さめの電子レンジ・サイズくらいで木目調、がもっともスタンダードなものでした。

サイズを20％小さくし、感度を20％上げ、全社利益20％アップに貢献する。そんな気が利いた計画書を今なら書きそうですが、井深はまったく違うことを言いました。

「ポケットに入るラジオをつくろう！」

技術者たちは即座に無理だと抵抗しましたが、しかし、確かにもしそれができれば、人は必ず手に取るに違いない。日本中の、いや世界中の人々が、ポケットにラジオを入れて生活するようになったら、どんなにか素晴らしいことだろう、と思い直し、チャレンジへと動いていきます。

そうして、４年後の１９５７年、ポケットサイズのトランジスタラジオは誕生します。この世界最小ラジオＴＲ－６３は、人の生活を一変させ、大ヒットを記録しました。

価値は単純明快でした。ポケットサイズのラジオ。完成した後、人が楽しく使っているイメージもパッと浮かんできます。この場合の価値提示は、夢の提示であったかもしれません。

あなたが技術者なら、「サイズを20％小さくし……」と言われるのと、「ポケットに入るラジオをつくろう」と言われるのとどちらが、熱意をもって前へ進めますか。たぶん、後者でしょう。

それは、単なる「目標」ではなく、「メッセージ（Message）」だからだと思うのです。

いい価値には、夢がふくまれています。人を動かし、企業を動かすベクトルがあります。メッセージ性を顧客価値づくりのQSPにプラスすることで、より突破力が生まれます。

今の状況を変えなければいけない時は、商品やサービスの表層ではなく、本質的な価値はどうなのか、と深く問うことが必要です。そして、その価値をメッセージとして言語化することが必要です。

簡単に言えば、言葉にしてみること。新しい市場やターゲットにチャレンジする時には特に大切なセンスです。

シズってないなぁ、その企画

仕掛けのセンスでは、ターゲットとどうコミュニケーションをとるかが問われます。とても難易度が高いことですが、経験もふくめてお話をします。

シズル。揚げ物とか肉の焼ける際のジュージューという英語の擬態語。

このシズルというワード、クリエイティブ業界の人はよく使いました。つい最近、業界外の方に無意識に使ったら、どういう意味ですかと問われましたから、一般用語であっても使用頻度はそれほど高くないのでしょう。

「シズってないなぁ、その企画」。意訳すると、キミの企画案、全然心に訴えかけてこないのよね、ということになります。

とある清涼飲料のＣＭ撮影。やっぱりラストカットは、抜けるような青空の下で、汗をかいたタレントさんが、ぐいっと飲む。うーーーまーーーいっーー。

焼き肉のタレの撮影。よく焼けた網の上に、上カルビがスローモーションで横たわっていく。同時にジューーーーッ。ああ、食べたーい！。

ま、それがシズルなわけです。本能をかきたてられるというか、理性の壁をぶちこわされるというか、とにかく、受け手を完全にその気にさせる表現手法です。擬音やびっくりマークな感覚で、人を1秒にして虜にします。

「刺さる」も、よく使われる言葉でした。「刺さらないかもなぁ、その程度のコピーじゃ」とか、「面白い企画と刺さる企画は、違うからなぁ」とか。

今は、あまり流布していないかもしれませんね。というのも昔は、ターゲットは見えないものでしたから。刺さる、刺さってない、の強い意識がないとコミュニケートできなかったのです。

現代は、データが豊富で、調査や分析の精度が高いですし、ネットでは顧客情報も手に入るので、ターゲットの実像はかなり把握できるようになりました。

しかし、一昔前は、ターゲットはおぼろげな像でしかありませんでした。ですから、「的」を射るクリエイティブの矢は、強く深く刺さるべく、力いっぱい引き絞り、放たなければならなかったのです。

たとえば、ある洗剤のＣＭのアイデアを企画しているとします。洗剤ですから、ターゲットは主婦です。CMのオンエア時間帯は午前10時くらいから昼食の終わる午後2時くらいまでです。油汚れもよく落ち、しかも、ほんのりとオレンジの香りがするというのが製品特徴です。今、あなたならどう考えますか。

まずは、ターゲットの志向性をつかみます。油汚れをいちばんに訴求するなら、フライや肉食好きの主婦はどんな生活をしているのか。昼食の準備はいつからするのか。昼食はひとりで食べるのか。皿洗いは1日3回するのか、などなど。さらに競合製品もとことん比較し、差別化を図っていきます。

徹底的に調べて、ユーザーのニーズとベネフィットを明確にし、クリエイティブのロスが少ないようにし、広告の無駄打ちを防ぎます。ターゲティングの精度を上げ、的のどまん中に当てる作戦です。マーケティング・サイエンスは、トイレタリーの分野では実に「的確に」ワークするようになりました。

かつては、ターゲティングの精度を上げようにも、客観的データが少なかったので、深夜までおよぶ打ち合わせを重ねてようやっと正解を導き出していました。想像力と創造力だけを武器にしていた気がします。広告が科学になっていない時代の話です。

ただ、忘れてはいけないスキルがあったようにも思います。ひとつは、顧客を知る「思いの強さ」です。よく見えないからよく見ようとする。どんな人なのかをデータではなく、イメージでつかもうとする。ユーザーの属性ではなく、本能に訴えようとする。

もうひとつは、「刺さる強さ」です。矢の当たる力が強ければ、狙った周辺まで響きます。広がりが生まれます。インパクトがなければ、人は注目しません。行動喚起まではとてもいきません。

最近、広告・販促が、理屈は合っているけれど、心に訴えかけてこないとも言われますね。

ソフトバンクの白戸家CMも、お父さんが犬だから面白く拡散力があるのです。あんな家族いるわけない、などと正しいことを言っても、ちっとも正しくありません。セールスプロモーションには、記憶に残る強さが必須です。私も、販促グッズのお父さんマグカップをもらった時は、とてもうれしかったものです。

顧客との関係が近い、広告・販促・広報などのコミュニケーション領域では、「シズル」を忘れてはいけません。その仕掛けにはシズルがあるか、と考えてみることがポイントです。

そういえば、まだ若い頃、クリエイティブディレクターに「キミは、頭で考えているだろう、だから案がつまらないんだよ」と叱咤激励されたことがあります。頭で考えるのがだめなら、なんで考えればいいんだ？？　と思ったものでした。

一期一会で終わるかもしれない顧客との出会いは、説明しているヒマがない関係でもありますから、思考回路をすっ飛ばすような伝達速度が必要です。

シズルは、相手の「〜したい」をかき立てるメソッドで、心の奥底に訴えかけるものです。イベントや展示会はまさにこのシズルがないと集客できません。街メディアや店頭ディスプレイなど、タッチポイントでのコミュニケーション、さらには拡大しているダイレクトマーケットにおいても同様です。

人は刺激に満ちたこの情報社会の中に漂流しています。漂流を止める、より快適な刺激をつくらない限り、誰もあなたがつくる商品に触れることはないのです。

デジタル・メディアのシズル

デジタル・メディア・コミュニケーションについても考えてみます。

コストをあまりかけずに、顧客との関係を早く広く深く構築していくという意味で、まさに使用する側にとって革命的メディアです。

その革命は今も進行中ですが、今後、ますます社会の情報インフラそのものになっていき、双方向化、個人のメディア化、ソーシャルな絆化など、そのコミュニケーション特性は「仕掛け」の最適化をかなえていくでしょう。

ゆえに、企業として、デジタル・メディアをどれだけ有効に活用できるか、最重要課題として問われている時代です。

自社のホームページをどう使い差別化するか。バナー、リスティング、アフィリエイト、SEO、メールといった手法をどう組み合わせるか。Eコマースサイト、情報提供サイト、コミュニティサイトを顧客にあわせてどう設計するか。マスを併用するのであれば、どう連動を図るのか。

アクセス数があれば大喜びという時代は過ぎて、どれだけ購買に結びついたか、会員登録されたか、資料請求されたか、店頭へ誘致できたか、などコンバージョンを上げなければいけなくなってきました。実効性を数字で表せる意味でも、画期的なメディアであり、コミュニケーション・ツールです。

欲しい情報が、検索という行為ですぐに手に入る。お店に行かなくても、価格や内容をチェックできてベストなショッピングができる。旅行、洋服、日用品、本……もう何でもと言っていいほどです。バンキングもできる。オークションも。友達づくりも。ゲームも。仲間と新しいものづくりも……。

ワントゥーワンの関係づくり。それこそがデジタル・メディアの強みです。情報を送ったり、送られたり。発信者に、受信者のコメントが返ってくる。企業サイトで会員登録や決済をすれば、自分に最適な情報がもたらされる。個と個の絆。個と企業の絆。それが結びやすいのです。裏返すと、当然、個人情報の問題が派生するわけです。

フェイストゥーフェイスに限りなく近いワントゥーワン。当然、さまざまな仕掛けが考えられますね。各企業や団体、あるいは個人がビジネスツールとして知恵を矢継ぎ早に絞っているのは、毎日の生活で実感されていると思います。

しかし、不満もあります。その不満は私だけではないと思います。コンテンツ力の問題です。企業のホームページを開いた時に、ワクワクドキドキした経験があまりありません。

オールド・メディアと言われるカルチャー雑誌や情報誌やファッション誌の表紙は目を引き、中を見たくなるシズルがあります。中面もよく企画され、編集され、デザインされています。企業サイトは、確かに情報は網羅されていますが、コンテンツとして見た時には魅力がまだまだです。

単なる情報でなく、本当にターゲットのためになる情報を届ける。その届け方もふくめて企画を考える。そのためには、ターゲットの心をキャッチする必要があります。エンターテインメント性、つまりコンテンツとしての魅力が求められているのです。

メディアとしては、雑誌やテレビにくらべてまだ発達途上の若者のようなものかもしれませんね。可能性の翼を広げて、より社会の文化形成に貢献してほしいものです。

ウェブはトータル・コストが安い割に、手軽に顧客と情報のやりとりができます。

しかし、安さを売り物にするフェーズはもう過ぎている気がします。コンテンツとしての魅力を発信し、人の気持ちを捉え、強い絆を持続していくために、クリエイティブ・コストをかける。その計算と決断ができた企業は、ＷＥＢ４・０の時代の覇者になっていくでしょう。

マス・メディアについても、ひとこと

どうも風潮として、ウェブのポテンシャルばかりが取り上げられますが、実は、マスの威力は絶大なものがあります。費用対効果に疑問符を投げかけられることが多いのですが、それも効果の計り方次第です。そして、使い方次第です。

私は、意外にも新規顧客をキャッチするのに、ＣＭは向いているような気がします。大きな網をかけるので、思いもかけない顧客の興味喚起を行う可能性があります。問題は、その興味喚起した顧客を絆化するシステムがないだけです。テクノロジーの進化により、新規顧客をマスでつかまえて、ウェブで育てる、そんな時代がくるかもし

れません。

もうひとつ、マスは、インナーへの影響力が大きく、社員のモチベーションを上げるのに役立ちます。流通への刺激力ももちろんあります。今の時代、面白いことに、マス・プロモーションの作用は、外向きでなく内向きへ強く働きます。

うちの会社は、コストの安いウェブではなく、コストの高いマスをやっている！

そんなインサイトです。

企業の最大の悩みに、新規顧客および潜在顧客獲得、そしてインナーの活性化があります。その意味で、ウェブとマスを戦略的にシナジーさせることは、「仕掛け」の大切な知恵になっています。

効果がなければ生き残れない時代になりました。情報のカオスの中で、コミュニケーションそのものも激しい競合状態にさらされています。伝わらなければ、負けなのです。

シズルとは、人の心や本能に働きかけ、行動を起こさせるものです。あなたの企画がシズルためには、顧客を知る「思いの強さ」と「伝える強さ」を持つことが必要です。それは、マーケティング・センスの原点でもあります。

ひらめきの法則

では、ひらめきの法則を述べていきます。3つにまとめてみました。この法則を意識することで、創造性のセンスが上がり、ひいては本章のテーマである仕掛けのセンスにつながります。

①緊張↓弛緩の法則

新商品のクリエイティブ・ミーティング。どんなコンセプトで、どんな提案をしていくか。市場に新しいポジションをつくるのですから、普通のやりかたでは困難です。さまざまな言葉やビジュアルが場を飛び交いますが、芯をくった凄いやつはなかなか現れません。

午後遅めに始まったのですが、もう21時をまわろうとしています。プレゼンテーションの日まであとわずかです。ピンチです。でも、もう議論は尽きたようですし、これ以上やっても生産性が低いので、解散。明日、またアイデアや企画を持ち寄ろうということになります。

残務を整理して、会社を出たのが22時。疲れたし、夕食もまだだから、駅前の居酒屋に1時間でもと思います。とりあえずビールを一杯。まだ仕事の脳内残像が消えていませんでしたが、すーっと消えていきます。そして、2杯目。冷や奴へ箸を……その時です。不意に、こうしたらいいんだ！　の発見が降りてくる……。

こんな経験が私には時々ありました。目の前の霧が晴れる快感。悩みを根っこから解決できる喜び。道がはっきりと見えた安心感。そんなものがいっぺんにやってきます。フル回転し過熱状態にある脳が、回転を落とし弛緩した状態になった時にやってくる、それが法則です。

世界的数学者が、難問の定理証明がどうしてもできずに（3年も4年も、です）、精神的肉体的にもう頑張れなくなって、もういい、もうやめとこう、あきらめようと、自宅のソファにねっころがってしばらくした時、証明方法がひらめいたといいます。

まさに歓喜の瞬間です。

とても多忙な時、朝の通勤途中で思いつくというクリエイターもいます。有名なクリエイティブディレクターが、いつもと違うルートで会社にくるといいよ、と教えてくれたこともあります。企画作業で考えを出しつくしたあと、犬の散歩に行くと、もっといいアイデアが出る、という人もいました。これも脳が緊張から放たれた状態に、創造の女神がやってくるという例でしょう。

ちなみに、旅行はダメです。特に3日以上の旅行は、仕事脳をバカンス脳にすっかり変えてしまいます。脳が別のものに変質してしまいます。もちろん、旅行の感動は心を豊かにする大きな力がありますから、のちのち仕事のレベルアップにはつながっていくと思いますが。

そう、ＰＣでアウトプットをしている作業を、手書きに変えたりすると、いつもと違う視点が持てたりします。アイデアフラッシュとか、企画書のいちばんの決めどころの文章とか、手書きのフリーハンド感覚でやってみることをおすすめします。これも、緊張から弛緩へのスイッチになります。

社員食堂や社員カフェテラスを弛緩の場になるように設計したり、会議室を眺望のいい場所に集めたり、そんな環境上の工夫も、会社のクリエイティビティ向上につながっていきます。

どうも私たち日本人は、まじめ一辺倒にすぎるかもしれません。答えを完璧に出すために、会議室に閉じこもって懸命に考える。企画書の体裁を整えるために、必死に残業をしてがんばる。そんな気質は嫌いではありませんが、創造性の観点から見た時には、意識して「弛緩」の時間を持つことをおすすめします。

どうか私たちの脳を、時々、新しい場所で働かせてあげてください。

朝の始業時間前を有意義に使うビジネススタイルが人気です。疲れて仕事の生産性が落ちるだろうと思うなかれ、むしろ生産性が上がるのだそうです。これも脳を新しい場所で働かせている例かと思います。

②ＨＯＷ（どうやって）→ＷＨＹ（なぜ）の法則

ある課題が提示された時、あなたは、さぁ、どうやって進めようと考えますか。それとも、えっ、なぜそんな課題が出ているのだろうと考えますか。

私の経験で言えば、後者のほうがはるかに創造性を発揮できるタイプが多いようです。いきなりＨＯＷ（方法）から入る長所は、スピードが速いことです。プラス、コストもかからないかもしれません。ただし、そのＨＯＷ（方法）に問題があっても、改善はできません。現行のプロセスへの変革マインドは育ちません。

ＷＨＹからスタートすれば、本質的な問題点にぶちあたる可能性があります。短所としては、課題解決に時間がかかることです。しかし、現行のＨＯＷそのものを改革するチャンスは生まれます。

この後者の思考を用いている企業があります。トヨタです。なぜ、を5回繰り返して、本質的な問題点に到達しようとする、有名な「5つのＷＨＹ運動」です。まさに改革のための創造的メソッドです。

クリエイティビティは、アウトプット過程でワークする局面が多いので、ついつい仕上げ力的にとらえられがちです。しかし、トヨタのケースからもわかるように、もはや問題発見、問題解決といった経営やマーケティングの根本にかかわるものになっています。WHY、つまり、「どうして？」「なぜ？」をまず考えることは、クリエイティビティと密接な関係があり、優れたアイデアを思いつくきっかけになります。

たとえば、セール期間中に女性用高級バッグを1000個売る、というミッションがあった時、「わかった、店頭プロモーションを充実させよう。DMのランクを上げて、特別感を出そう。先着10名様にはプレミアムをあげよう。それから……」と考えるのがHOW派です。WHY派は、「そもそもこのバッグは何を理由に買われているの？」と考えます。

後者は、オーダーした側から見ると、かなりやっかいな発想の人たちです。なかなか企画、制作作業がスタートしなくて、イライラします。

しかし、色がカラフルでカジュアル感覚なのにデザインは上品でシック、30代OLに受けている、という事実をつかんだら、「よーし、売り場まわりをバッグのカラーバリエーションと同じ色を使って、ドキッとするほど鮮やかに演出しよう。会社帰りに来店できるように、期間中は営業時間を22時まで延長しよう」などとなるわけです。もちろん、ランクを上げたDMをつくることも忘れないでしょう。さて、どちらがクリエイティブか、わかっていただけると思います。

このWHYから始める発想法は、ブランド創造の際にも有効であると考えています。後の章で、再び取り上げることとします。

③縦↓横の法則

私の知人に「バンド論」を唱える人がいます。クリエイティブな仕事をしようと思ったら、バンドのように違う楽器や役割を持った人間が集まらないといけないという論です。なるほど、と思います。異なった才能の集まりが、奏でるハーモニー。それこそが、創造性を生み出すユニットだ。経験的に確かにそうです。

上下関係でできている部や局、つまり縦型の集団は、オペレーション業務には向いていますが、発想力で勝負する業務にはあまり向いていません。

部長や局長の前では、どうしても部下は自由で大胆な考えは発表しにくいものです。

管理者、非管理者の、縦のベクトルが抑圧的に働くからです。

前にもお話ししましたが、広告会社の企画業務は、クリエイティブ組織の縦関係のみで打ち合わせをすることはあまりありません。

営業、ストラテジー、プロモーション、外部スタッフなどなど、得意領域が異なる、つまり視点が異なる仲間が結集して行います。クリエイティブディレクターが最終決定をしますが、この打ち合わせに上下関係はありません。きわめてフラットです。

よく言われていることですが、オープンでフラットな集団を特徴にしない限り、もはや日本企業は世界に勝てません。その集団は、プロ度が高い人の集まりであることが理想です。管理しやすいことが理由である組織はあってもいいですが、もはやイノベーションを目指すには機能を果たさないでしょう。

あなたが出ているミーティングは、お互いに自由にアイデアを言える場ですか？火花を散らすプロ度はありますか？いいハーモニーが奏でられていると感じる瞬間がありますか？もし、ないとしたら改善の声をあげるべきです。なるべく早く。

「チーム」というと、縦型の集まりでも名付けられるケースがあるので、あえて「バンド」と言いました。組織横断型で各部門のメンバーを母体とするプロジェクトチームも、バンドです。バンドですから、そう、最大でも6、7名でしょうか。それ以上になると議論の密度は逆に薄まります。

ミーティングの最中は、喧嘩はしませんがバトル状態です。自分の意見は違うと思ったら、先輩にも婉曲表現を使いながら必ず言います（怒らせないようにお願いします）。最大公約数をとるのはNGです。平均点を求めていたら創造には至りません。誰かの思いつきがまた誰かの思いつきを生み出していきます。

縦型、横型の組織論を抜きにして単純に言えば、「似た発想の人間とチームを組むな」ということかもしれません。美術大学で私が教えている学生たちには、チームを組む時は、「目的意識は同じ、発想はバラバラ、が理想」と言っています。

脳を緊張状態から弛緩状態にする習慣を持とう。HOWよりWHYを考える習慣を持とう。縦型より横型で考える習慣を持とう。その3点を身につけてほしいセンスとしてお話ししました。ぜひ、実行していただけたらと思います。

第5章

説得のセンス

あなたのチームの企画書は、なぜいつも冷めた料理のようなのか？

どんどん上がる説得の重要度

プランはできた。さて、それをどう説明し、納得させていくか。この章では、説得のセンスについてお話しします。

「考えるのは得意だけど、説得するのが下手」。そんな人はきっと多いと思います。でも、どうも世の中、説得の重要度がどんどん上がっている気がします。

会社に入ってコピーライターになりたての頃、先輩のコピーライターから「伝えたいことの3分の1でも伝われば大勝利だよ」と言われました。そんなものかなぁ、と思いましたが、その後のキャリアの中で痛いほどこの言葉の真実を知ることになります。

案そのものに説得力がないなら、またやり直せばいいのですが、説明の仕方が悪い時は再説明の場はもう設けてはくれません。悔しい思いをするばかりです。あなたにも経験があるのではと推測します。

ディスコミュニケーションの例をひとつ紹介します。

スタンフォード大学で、ある単純なゲームによる実験が行われました。各被験者に「叩き手」役と「聴き手」役を割り振ります。叩き手は、「ハッピー・バースデー・トゥー・ユー」や「星条旗よ永遠なれ」など誰でも知っている25曲のリストから、1曲を選び、リズムを指で刻みます。コツコツと机を叩きます。

聴き手は、そのリズムから、曲名を当てます。誰でも知っている曲だとわかっていますから、当てやすいでしょうね、おそらく。しかし、結果は予想外でした。

この実験で、叩き手は合計120曲のリズムを叩きましたが、さて、聴き手が正しく曲名を答えられたのは何曲だったでしょうか。たった3曲！　正解率2・5％だったのです。さらに興味深いのは、叩き手の人に、正答率はどのくらいでしょうかと聞いた、その答えです。予測は、50％でした。

つまり、実際に叩き手が正しく曲を伝えることができたのは40回に1回だったのに、2回に1回は正しく伝わると思っていたわけです。なぜ、これほど送り手側と受け手側で、情報の伝わり方に対する認識が違ったのか。そもそも、なぜ、3曲しか伝わらなかったのか。

それは、叩き手の頭の中にはメロディーが聞こえていたのに、聴き手の頭の中には、コツコツというモールス信号のような音しか聞こえていなかったからです。

50％と2・5％とは、すごい落差ですね。しかし、実際、プレゼンテーションをする側（叩き手）と受ける側（聴き手）で、かなりの落差が生まれることは、充分に起こりえます。

せっかくチームメンバーが何カ月もかかって知恵を絞り、まとめあげてきたものが理解してもらえない。これは失敗を通り越して、悲劇です。しかし、この悲劇は繰り返されているのが現実です。

「通る企画がいい企画」時代の対処法とは？

では、相手の頭にも、同じメロディーを流すようにするにはどうしたらいいでしょうか。それがこの章のテーマになります。「企画がいいから、通る」から、「通る企画が、いい企画」の時代になってきています。世の中に、膨大にプレゼンテーションもの本が溢れていることからもおわかりいただけますね。

プレゼンテーションとは実に難しいものです。する側の説得力ではなく、聞く側の理解力に問題があることもあります。しかし、案が通らず落胆するのは、圧倒的に、する側です。作戦は大胆にして細心でありたいものです。ほんのちょっとしたこと、たとえば、料理をサーブする前に温度のコントロールをきちんとすることだけで印象は変わります。

放っておけば50%と2・5%の落差が生まれる事態になります。どんなセンスが必要か。私の経験をベースにお話をしていきます。

記憶に残るポイントのことを「お持ち帰りポイント」とネーミングして、時々使っています。講演・講話で、聞いた側が、3、4日は忘れずにいるポイント。その場を離れても、きちんと持ち帰るポイント。それが、お持ち帰りポイントです。1時間程度の講演で、どのくらいのお持ち帰りポイントがあると思いますか。

ずばり、2つ程度です。話を聞いた直後は、5つくらいのポイントを覚えていますが、あさってになればもう記憶の網の目から、サヨウナラと抜けて行きます。2つも残っているのは「いい講演」で、残っていないケースも多々あります。

逆に言えば、1時間で2個くらい残せばいいともいえます。何もかも覚えさせようとしなくてもいいのです。プレゼンテーションでも同じです。忘れられない提案のポイントが2つほどあれば、それで充分なのです。

「五目飯みたいだったね、今日のプレゼンは。いろいろおいしいものが詰まっていたけど、メインが見えにくかった」と、宣伝部長から言われたことがありました。そう、欲張ると「五目飯」になってしまい、天丼やバラ肉丼のガツんとした一品のパンチ力に負けてしまうのです。

「お持ち帰りポイント」をつくるためには、いくつかの工夫が必要ですが、そのひとつが、「ひざポン！」のパワー活用です。

「ひざポン！」とは、相手の話を聞いていて、「その手があったか！」「気がつかなかった、なるほど！」と、思わずひざをポンと叩いてしまう感動の状態を指します。単なる肯定だけでなく、行動を呼び起こす力になります。

「ひざポン！」は考え方だけではありません。言葉でもいいし、図表でもいいし、なんでもいいのです。提案の核心の部分であることは必要ですが、いい意味での「裏切り」を企てること、これがコツです。

初めから終わりまで、プレゼン相手の考え方をトレースしようとする提案は、おしなべて相手の満足度が低いものです。予想可能なことを長々と説明しても、時間をとっていただいた相手に失礼です。

「ひざポン！」がトリガーになり、お持ち帰りのポイントが生まれます。

イベントの基調講演で、スティーブ・ジョブズが、新製品のプレゼンテーションをした時のことです。

スピーチをしている彼の話を聞いているうちに、近くの机の上に黄色の社内用の茶封筒があることに気づきます。聴衆はそれが何であるか気になり始めます。なぜ、社内封筒がこんなところにあるの？　入っているのはプレゼン用のシート？　それとも実は置き忘れ？

やがて、ジョブズは新製品のコンセプトがいかに他社と違うかを説明し、「それがこれです」と社内封筒を手にとり、薄くて革命的なノートブック、マックブックエア

（MacBook Air）を中から取り出したのです。

「ひざポン！」は置かれていた封筒から、新製品を取り出す瞬間にあります。聴衆は、薄いマックブックエアの記憶を「持ち帰ります」。しばらくは、興奮して他人に話さざるをえないでしょう。オフィスで、家庭で、バーで。

相手が社内社外のいずれにせよ、プレゼンテーションは、いろいろ事情に縛られているのが実態です。しかし、恐れてはいけません。プレゼンテーションは説得の晴れ舞台です。演出するのは、あなたとあなたのチームです。忘れられない瞬間を演出しようではありませんか。「ひざポン！」の感動と、「お持ち帰りポイント」を2つほど用意して。センスアップできると思います。

一流のマーケッターの企画書は、理屈っぽくない

企画書づくりのセンスの話をします。

企画書は、プレゼンテーションの基本にあるものです。この良し悪しが、時に何十

億円ものビジネスを左右します。

私は、若い頃、企画書には縁がありませんでした。しかし、30代も半ば（今はもっと早い年齢からでしょう）になると、自分で仕切る仕事もでてきます。たとえば、新聞広告なら、コピーだけでなく、全体のコンセプト、訴求ターゲット、トーン＆マナーなどをクライアントに説明し、承認をいただくような役割が増えてきます。企画書を作成しなければいけませんし、プレゼンテーターもしなければいけません。

初めは、四苦八苦した記憶があります。私のその様子を見かねて、上司のディレクターが、「おい、これを参考にしなよ」とどこからか持ってきた企画書を私に渡してくれました。目からうろこです。タイトルの付け方から、図解、ページ構成、文字の大小など、結論までが一本の水路のようです。

説明を受ける側が、船に乗っているように、上流から下流に自然と進みながら、案の決めどころにたどり着くのです。私はこの時、いい企画書とは「相手を迷わせないもの」と感じました。

その企画書は、その頃、社内で評判のマーケッターのものでした。数年後でしょうか、その先輩から、「企画書はやりたいことを通すためのもの」と言われました。これだ！　と私は確信しました。逆に言えば、やりたいことを持っていないといけないのだ、とも。

企画書には、意図が必要です。企みとも言えます。そう、企画書は意図書であり、企み書でもあります。そのためには、ユニークネスやオリジナリティがないと光り輝きません。

最近、どうも企画書が、定型化しているような気がします。思いませんか。若い人の企画書、上司の企画書、あなたの企画書……。全員パワーポイントを使うからでしょうか。企画書の書き方講座の類いが氾濫してもいます。その人らしさはなく、極端にいえばトーン＆マナーがみな似たり寄ったりです。個性がないと、説得力もなくなるのではと心配になります。

どうしたらいい企画書が書けるのか、それはあなたらしい企画書を書くことに尽きます。ま、それだと何の参考にもなりませんので、経験上、絶対外してはならないポイントを述べていきます。

企画書でいちばん忘れてはいけないこと

企画書は、ビフォー（Before）とアフター（After）の中間にあるもの。もしくは、ビフォーをアフターに変えるものです。これがいちばん忘れてはならないことです。

プランニング業務の出発点は、「問題」です。問題は、悩みです。たとえば、メインブランドの製品が競合の新商品に売り上げベースで負けてきている、主催しているイベントの集客が毎年微減傾向にある、キャンペーンサイトのページビュー、コンバージョンがリニューアルしても上昇しない……などなど。

この現在の悩みを、未来の答えを描くことで解決するのがプランニングの本質です。ビフォーよりアフターでこんなにいい方向に変わるんだ！　だったら、やってみよう。となるわけです。会社の進む道を変えるほどの強力なスイッチ機能です。

ですから、企画書を成功に導くには、まず、「悩み」を徹底的に情報収集し、分析し、うまくいっていない「原因」をあぶり出すことです。

「店頭プロモーションが費用対効果的には問題だ。見直したい」と役員からオーダーが発せられる。そんなケースは多いと思いますが、どうしていますか。まず、販売促進セクションに取材をと考える、店頭プロモーションの他社成功例を洗い出そうと考える、現状の店頭ツールの各コストの推移を表にしようと考える……。

私なら、本当に店頭プロモーションだけが問題なのか、を考えます。対象商品が成熟期に入り情報鮮度が落ちてきているのではないか。実施対象店に来る顧客層のマインドが変化してきているのではないか。肯定したくはないが企業ブランドのマインドシェアが下がり始めているのではないか。もちろん、単にプロモーション・アイデアが弱かっただけかもしれないのですが。

「悩み」の原因を、広く深く探っていかないと処方箋を調合できません。内科医療と一緒です。服用しても服用しても、症状は改善しません。

前章で、「問題意識」が大切、ＨＯＷよりＷＨＹが大切と言ったのも、ここにかかわってくることです。結果的には、原因を明瞭に提示してくれたと、依頼元のみなさまに喜ばれるケースのほうが多いのです。「そうなんだよね、プロモーションだけの問題じゃないね、これは」とそんな反応が返ってきます。

ビフォーを明確化することは当然、アフターの施策アイデアの先鋭化にもなりますし、考える範囲を限定化することもできます。

私の経験ですが、「今の問題点」を1枚のボードに、「これからの解決策」を1枚のボードにし、その2枚だけで、プレゼンテーションをしたことがあります（広告案とかは別紙です）。

「今ボード」を持って、調査・分析結果をふまえ、何が課題の本質なのか話したあと、さっと「これからボード」に差し替えて具体的な達成予測数字も入れてプランを説明しました。「とてもわかりやすかった、頭の中が整理できました」とお得意先からお褒めにあずかりました。

ミニマム化すれば、プレゼン用の企画書は、現在の問題、未来の解決の2パートがあればいいのです。聴いていただく相手に、考え方の構造をはっきりと残すことができる効能があります。

図表もグラフも必要、ページ数も必要、そうなるのはよくわかります。説明しきれるか不安だし、絞り込みすぎる不安もあります。論理が破綻するのもこわい。

しかし、あまりにもどこかで見たような定型で、理屈を通すためのフォローページが膨大。これでは「お持ち帰りポイント」が見えません。数日後には、どんな内容だったか忘れられてしまうでしょう。理屈は、意外と説得力がないのです。

プレゼン相手に、具体的アクションを起こさせる、それが企画書の目的の本筋です。変えるべき現状と創るべき未来を、明確にすることが欠かせないセンスです。

企画書は、たたずまいで決まる

よく企画書はＡ４用紙1枚にまとまるくらいにシンプルに書け、と言われます。確かに考えを整理整頓することは大事ですが、誤解を生んでいる気もします。

趣旨を理解せず、ただ短くしてくる人がいるのです。紙の中に、文字がびっしりです。私がうーんとうなると、わかりづらいですか？　と来ます。いや、見にくいんだよ、と答えます。老眼だからじゃないよ、と付け加えます。

企画書は、自分が見るツールではありません。人に見ていただくものです。シンプルにするのとただ短くするのとは大違いです。

ネットで、ひな形をダウンロードすれば、かなり「らしい」企画書ができあがります。便利ですが、1枚にまとめろ、と同様、誤解も生んでいます。

ひな形ありき、パワポありきですから、ページ構成も見てくれも同じ。次にどんなページがくるか予想できます。企画書は定型化された社内連絡文書ではありません。コミュニケーション・ツールでもあることをお忘れなく。

見やすい美しさと、オリジナリティがある企画書には、ある種のたたずまいがあります。

企画書におけるストーリー性も、美しさのひとつです。この時代、「ストーリー性」はサクセスを実現したい時のキーワードです。

たとえば、Aというグループが新曲をヒットさせたいと考えます。ラジオやテレビに出演して新曲の予告をする、ネットで発売前に40秒だけ曲頭を流す（無料です）、CDショップの店頭で告知ポスターを貼る、など、新発売を盛り上げていきます。

これに時間軸のスパイスを加えるのが、今です。曲そのものよりもメイキングを大事にします。どういう過程でつくられたか、どんなハプニングが起こったか、どういう思いを込めていったか。

物語性をつくっていくことで、人の興味が入っていきやすくなり、アーティストと同じ時間を生きることができるようになります。

拒否思考を肯定思考に変える方法

「いい企画書は、物語のようにページをめくっていく面白さがある」

あるグローバル企業の宣伝部長に言われた言葉です。

ページ構成というストーリーづくりには、多大な努力を傾けます。時間軸の効果を丁寧に吟味します。Aのページの後に、「ふつう」はBがくるのだけど、「特別に」Xに行ったほうが効果抜群なのではないか、と考えたりします。

最近の私の事例でお話しします。

テーマは、シニア世代を、Zというファッション・ブランドがどう取り込んで、どう利益化していくか、です。今の利益に、シニア世代の売り上げをオントップさせるプロモーション企画の提案です。

Zのメインターゲットは、30〜40代のビジネスパーソンです。しかし、シニア世代は増加し、現ターゲット世代は減少していきます。シニア世代（60歳以上）の就業人口が増加の一途をたどっている新聞記事のデータもあります。広くなる市場を放置しておいて、狭くなる市場にコストを投下するだけでいいのでしょうか。

加えて、Zの商品企画、広告宣伝を担当しているのは30〜40代で、シニアのインサイトがわからないのは当然。シニア市場にどうファッション・ブランドとして対処していくのか、考えないといけないステージにきているのではないでしょうか。そんな問いかけを軸とした、プロモーション・アイデアの提案です。

まずは、市場分析、問題点抽出、目的の明確化。いわば、企画書のビフォーに当たる部分です。その次は、どういうコンセプトで、どんなアイデアで、どんなプロセスで、予算は……のアフター部分となっていきます。

私が心配したのは、「シニアマーケットを狙うのは、別に提案として新しいことじゃない」「マスメディア世代の彼らを動かすのは、コストや手間がかかる」と思われることでした。「わかるけど、やらない」パターンです。

ですので、市場分析パートは思い切り圧縮。データも先ほどの新聞記事のみ。代わりに、参考資料でつけようと思っていた成功例を、次に持ってきました。同じファッション領域で、シニア市場を巧みに取り込んでいる成功例です。そのデザインやパッケージを画像でメインに入れて、アフターの部分への橋渡しをしました。

「提案はわかるけど、この業界ではムリかも。うちの会社ではムリかも」の拒否思考を、「なるほど。この業界でもうまくいっている。うちでもできるかも」の肯定思考に変えます。人は誰でもうまくいくことだったら、してみたいものですから。

違和感は承知で、大胆にページの流れを変えると、意外とその変えた部分が脳に残り、主張が浮き立ちます。相手の読む流れを常に意識して企画書をつくるのは、重要なセンスです。

文字の大きさ、書体にもこだわります。ページごとのデザインにもこだわります。

明朝系にするか、ゴチック系にするかで印象はかなり異なります。エディトリアル的な感覚も大事だなぁ、と思う時もしばしばです。デザイナーに手伝ってもらうと企画書は「美しい知恵の物語」に変身します。

やりたい企画を通すビジネスパーソン人生と、やりたい企画を通せないビジネスパーソン人生。どちらがいいかは明白です。

企画書は考え方がお行儀よく綴られているだけでは用を足しません。納得してもらうための「たたずまい」が必要なのです。それがあれば、読んでみたいと思わせ、提案する側とされる側に、信頼のコミュニケーションが生じます。企画書の美しさを意識することは、大事なセンスです。

50ページの企画書も、1個の決め言葉に負ける

企画書の言葉選びについて、話をします。

まずは、タイトルをどうしようか、悩む方、いらっしゃると思います。「〜のご提

案」「～について」「～の考察」……。私はタイトルをいつも20案くらいは考えます。途中のページの文章もさんざん考えて、最後の最後に追加削除したりもします。言葉は悩ましいものです。

美術大学で学生に、毎週オリエンテーション、翌週プレゼンテーションという授業をやっています。テーマを与え、考えてもらいます。

たとえば、「あなたの生まれた街をもっと元気にするためのアイデアを考えてください」とか「牛乳がもっと飲まれるようなプランニングをしてください」とか。

制作意図の説明をしてもらうので、簡単な企画書が出てきます。作品を見せる前の「前振り」です。その際、3タイプのグループがいます。

①制作意図がよくわからないので、作品の理解がしづらい。
②制作意図はよくわかるが、作品がいまいち理解できない。
③制作意図がよくわかることがプラスになって、作品の理解もよくできる。

③がいちばんいいことは自明の理です。しかし、授業を始めた段階では、③は5人に1人くらいの少数派です。前振りが長い割に、「なぜこの作品になったのか」が意味不明で損をする子がいます。前振り、つまり、言葉による企画説明がないほうがよく理解できるケースもあります。

多くは自分の頭の整理がついていない状態で言語化をするので、見ているほう、言われているほうはもっと整理がつきません。時々、言おうとしていることを、「それは、こういうこと？」と代わりに言ってあげると、「そうです！　そうです！　私の言いたかったことは！」となることもあります。

この「言いたいことを言葉にできない」症候群は、若い人のみでなく、ビジネスパーソン全般に進行している気がします。「欲望の言語化」ができないのは、ネットのコミュニケーションの影響もあります。ネットでは、キャラや絵文字やデコレーションなどのツールで、コミュニケーションを補足できます。純粋な言葉による思考伝達の機能ははっきりと退化してきています。

学生たちは何度も訓練を積むうちに、①、②のグループともに、③のグループに着実に近づいていきます。何より経験が大切なのです。春から始まった演習が、夏休み近くになると、５人に３人くらいは、かなり骨のある説明ができるようになります。言葉で、意味を正確に伝えられるようになります。習うより慣れろ、です。

そのことはビジネスの場での企画書作成にも言えるでしょう。とにかく、たくさん企画書を書くことです。上司はそういう場を思慮深く用意することです。週報ばかり書かせて、ザ・週報ライターになっても困ります。

経験があまりない部下の企画書をもとにプレゼンテーションするのはリスクです。しかし、書かせないのは会社の将来に対してより大きなリスクになります。

説得力のある企画書には、決め言葉が溢れています。利点は、記憶に残ること、「お持ち帰り」されやすいことです。もうひとつは、いちばんの売りであるアイデアや発見を感じやすいことです。「ひざポン！」状態は、脳の感情・感覚の領域で起こっているように思えます。決め言葉は、その領域を刺激します。

ここでひとつ例をあげます。

あるアプリケーションの会社の競合プレゼンでした。オリエンは商品の細かな差異を、どうユーザーに響くように訴求できるかでした。私は、今は製品の微細な優位性ではなく、ＩＴ業界全体の成長感に乗って企業イメージを訴えたほうがいい、と社長に主張しようと思いました。

オリエンとは異なる答えですから、リスクは大きかったのですが、思い切って企画書の決め言葉には「今、一番しなければいけないこと、それは企業としての勢い」と勢いよく書きました。

プレゼンが終わった直後に、社長が企画書を閉じながら、「勢い、ね。確かにうちにいちばん足りないものかもしれない」と言ったのを覚えています。

ちなみに、その競合は勝ちました。もちろん、企画書だけで勝ったわけではありませんが、決め言葉が経営トップに響いたことも大きかったと思うのです。企画書は、言葉です。売りであるアイデア・企画を新鮮に伝えるために、もっともっと吟味し、磨くセンスが必要です。

トップへのお手紙が企画書だ

企画が決定に至るプロセスを「読む」。そのセンスについてお話しします。

昔、大先輩から「企画書はお手紙だ」と言われたことがあります。若い私は、「心を込めて書く」ことだと解釈し、相手の気持ちに届くように努めました。

が、コミュニケーション産業は、１９９０年頃から急激にサイエンス化していきます。ＡＩＤＭＡとか４Ｐとか、マーケティング用語が普通に使われ、さまざまなブランド論が生まれます。グローバル化の中で、欧米のメソッドが一気になだれ込みました。

あわせて、コンピューティングの波がビジネスの現場に押し寄せてきます。ＤＴＰにより、企画書はパブリックな表現方法を手に入れます。無料で従来の印刷物と同等の品質を手に入れます。お手紙主義は、かなり古いお話になってしまいました。

ここで、ひとつの疑問が生まれます。なぜ、市場把握と論理構築と表現技術が進歩したのに、企画書が相も変わらず、すんなりと通っていかないのか、ということです。

阻害要因として、ニーズ、ウォンツの複雑化、つまり市場の捉えづらさ、ネットによるコミュニケーションや流通チャネルなどの追いつけないほどの変化、といった社会環境の影響があげられます。それだけではありません。プランニングの提案、承認、実施、評価プロセスの多様化、レイヤー化です（企業内変化と言えます）。戦略的提案のみならず、戦術的提案も経営トップまで参画することがありますし、一部門が複数の他部門との調整に奔走し、大きな合意形成を図ることもあります。

つまり、マーケティング活動そのもののプライオリティが上がったのです。企業の存在のキーを握るようになったのです。「つくってから売る」ではなく、「売れるからつくる」への転換は必然的です。企画書のプライオリティも上がっていかざるをえません。これは大事な現状認識です。

この社会と企業内での変化の中で、企画書は、どういうプロセスで実現まで進んでいくか、その「読み」がとても大切になってきました。

いいこと書いてあるんだけど、なかなか前へ進まない。料理が冷めてしまうように、おいしさのタイミングをはずしてしまう。そんな経験は誰でもあります。プロセスの読みまで考えていられない。中身を詰めていくだけでいっぱい、いっぱい。わかります。しかし、どんな相手と、どう合意を形成するかは、ビジネスの基本中の基本なのです。

読みとイメージの面白いエピソードがありますので、紹介します。

大山康晴という将棋指しがいました。大名人です。将棋連盟の会長も務めました。将棋はわからないという方は、とにかく度を超して強かった人とだけ理解して、読んでいってください。

もう何十年前も前のテレビ番組でしたので、記憶が定かではない部分もありますが、だいたいこんな内容だったと思います。将棋にあまり詳しくないインタビュアーが質問しました。「プロというのは何手ぐらい読めるものなのでしょうか」。期待した答えは、おそらく視聴者がびっくりするような数です。

しかし、大名人はさらっとこう答えます。「時間があれば何手でも考えられるんですよ、プロは。何万手でもです」。なるほど。「しかし、大事なのは、一手が読めることなんです」。どういうことなの。「いちばんいい手を一秒でイメージできる。それが強いということなんです」。何万手より、一手だけを読むのが真のプロなのか。

そして、たくさんの可能性を捨てられることがいちばんなのです、と話は続きました。捨てる能力こそ読みの本質なのだ！　そう強く印象づけられました。

さまざまな可能性を考えて、それに対処予測することが「読み」だと考えがちです。しかし、それが仕事からシンプルさを失わせ、周りに不安をまき散らすことになり、五目飯的プレゼン、八方美人的企画書を生み出しているのではと強く思います。

最高の「読める」とは、ひとつの答えのみをイメージできることです。余分を排する、捨てる、という発想法はついつい私たちが忘れがちなものです。

捨てることは、勇気がいります。会社のような組織の中では、特にそうです。ケアが先走ってしまったり、評価を気にしたり。でも、頭の隅に、増やすことじゃなくて、捨てることを大事にしようと思う気持ちがあれば、結果はずいぶんと違ってきます。

企画書の話に戻りましょう。とにかく余分な可能性を捨てることです。そのためには、まず、誰に、どのような目的で、企画書をプレゼンするのか、そこを考え抜きながら明瞭にしておくことです。そうすると、不必要なものが見えてきます。ソリューションのイメージもぶれずにはっきりしてきます。

そう考えると、やっぱり、企画書はお手紙なんだなぁ、と思うのです。今さらながらなのですが。見ていただくのが社長なら、その顔を思い浮かべながら書く、自分の企画案をどう通そうかと心を砕く。

その時、最新のマーケティング手法を使うのもあり、徹底的に理屈で迫るのもあり。要は、しつこいようですが、「誰に?」と「目的は?」です。

とにかく、社長へのお手紙をイメージして書いてみる。そのセンスを身につければ、意外と実現率が上がるものです。

第6章

巻き込むセンス

あなたの企画がなかなか実現できないのはなぜ？

プレゼンは、ビジネスパーソンの生死を賭けた戦場

巻き込むセンスがあるかないかで、あなたの未来が決まります。夢のような画期的なプランニングも、実現しなければ、ただの夢です。実現。それこそがすべてなのです。そのキーを握るのがプレゼンテーションです。

プレゼンテーションの語義をひもとくと、「自分の考えを他者が理解しやすいように、目に見える形で示すこと」とあります。そう、問題は、他者です。それは高い壁です。

広告会社では、競合プレゼンテーションというものがあります。クライアントの企業が新商品や新サービスを市場導入する時などに行われます。2、3社から、多い時で十数社の広告会社が要請を受け、戦略や企画を提案します。その中でベストと判断された会社が、パートナーとなって業務を委託されます。

勝った会社に広告収入がもたらされますが、負けた会社には何もありません。オール・オア・ナッシングの戦いです。大きな規模の競合は、まさに広告会社の未来を左

右します。負けられない戦いなのです。

競合プレゼンは、プレゼンテーターにきわめて重い責任が持たされます。緊張しますし、ナーバスになります。企画書の内容のディテールがふと気になって、深夜、飛び起きた時も何度かありました。

1ページに書いてあることを2ページに分けたほうがわかりやすいのでは？　棒グラフの色は青より赤のほうがいいのでは？　などと、どうでもいいようなことが気になって気になって仕方がありません。

いちばん不安になるのは、この提案が、クライアントのオーダーに「本当に応えているのか」ということです。これは、本質的な問題なのですが、夢中で連日、企画作業に走っているとついつい失念しやすいのです。また、考え過ぎて、余計な提案をしてしまう失敗もあります。

プレゼンの基本となる3つのアドバイス

しかし、うまくいかなかったケースほど学びがあります。失敗は最高の教材です。3つのアドバイスをします。基本的なスタンスの類いですが、実は、みなさん、この基本を忘れがちです。

①目的・ゴールを常にチェックしよう

プレゼンを途中で止められたことがあります。クリエイティブ案を説明していた時です。クライアントの役員の方が「全然、違う」と言うのです。何が違うかというと、前提が違う、オリエンテーションが違う、ということでした。

ドキッとしました。最後まで聞いてから、「ちょっと違うね」と意見を言われることはありますが、途中でストップ！　は初めてでした。

役員の方は、この2週間あまりで商品を巡る市場環境は大きく変化している、そのことがまったく反映されていない、それではプランニングは力を持てない、もはやゴールがずれているのだから、ということでした。

自社の宣伝部に、「情勢が変わったのだから、再度オリエンテーションからし直すべきである。ムダなことを考えさせるのは甚だ失礼である」。そして、我々には「オリエンテーションを鵜呑みにしてはいけない。常に新しい情報に鑑みて、制作案を出すべきである」と苦言を呈されました。

企画を考えている時、脳みそは集中稼働しているため、原点である目的を忘れがちです。わかってはいてもそうなるものです。

そして、市場は常に動いていて、目的そのものがずれることもありえます。くどいようですが、プレゼンは、社内、社外、大規模、小規模にかかわらず、目的の明確化がなければまさに的はずれに終わります。

②徹底して、相手を知ろう

プレゼン実施時には、どんな方が、どのくらいの人数、出てくるかを事前チェックします。ある時ですが、20人くらい出席するというので、30人くらいの人間が入る部屋をイメージし、当日、お得意先に行きました。が、なんと100人は入る、超・大会議室です。

前に少し席を詰めてもらいましたが、それでも相手との距離があります。プレゼンは、プロジェクター投影でした。文字は明朝で小さめ、表や図も小さめです。トークで何とかもたせましたが、遠方に座っていた人が見えにくそうにしているのがわかります。そのうち、見えないなら、と、見る努力をやめてしまった方もいます。腕組みをしています。あー、失敗です。

プレゼン上手な人は、相手の情報を徹底的に知ろうとします。ほとんど例外はありません。肩書き、部署部門、考え方、年齢などを大体イメージとして掴んでおくのです。その会場の空気感も知っておきたいと考えます。

それによって、プレゼンにちょっとしたスパイスをふりかけます。勝つ・負ける、通る・通らない、で天国と地獄ほど違うのですから当然の努力です。舞台の構造を知らない役者は、いい演技はできません。相手を怠りなく知ることはビジネスセンスとしてとても重要です。

③魅力的なプレゼンをしよう

ある競合プレゼンが終わって、プレゼン相手のキーマンだった宣伝部長さんがこう話してくれました。

「ご苦労様でした。正しい、いいプレゼンだったけど、あまり部員たちが反応してないね。B社の案は、論理はやや強引だけど、案が魅力的だったんで、そっちになるかもしれないなぁ」

うーん、やられたと思いました。人間とは妙な生き物で、正しいことより楽しいことのほうが共有しやすい。そのことを身にしみて感じました。

「正解」は「正快」へ。答えとして理にかなっているだけでは充分でなく、そこに「快感」をふくんでいないといけない。シズルとか、ひざポン！　とか、前に話してきたこととも関連しています。

しかし、考えてみれば、当たり前です。提案する相手を魅了しなければ、勝てるはずはないのです。巻き込めるはずもありません。

いいプレゼンは、する側と受ける側で、意思が通い合う瞬間があり、終わった時点で、同じ楽しい未来を見ているものです。ついつい、そこを忘れて、一方的な提案や論理の押しつけになることは戒めないといけません。

巻き込むためのプレゼンテーション。テクニックというより、基本的スタンスをお話ししました。実現率が上がると、自信がつき、また実現率が上がるという好循環を生むものです。

求められているのは、シナリオ力と人づくり力

アイデアや発想は優れているのに、事情に振り回されてうまく着地しない、たとえ決定しても、元の提案とは似ても似つかないものに変質を遂げてしまう。そんな経験、あると思います。そうならないためのセンスについて考えてみます。

実際、企画業務系の仕事は、決定までの過程が複雑になりました。複数部門との調整も多いですし、必然的にかかわる人間も多くなりました。

「アジアでの市場参入なのですが、とても大変です。市場の分析から、わからないことの連続です。効果指標も設定しづらく、社内調整も、各部門から意見が出ます。再プレゼンになり期日が迫ってきて、スケジューリングで体力の半分を使う感じです。資料も全部私たちの部でつくらないといけませんし……」

こんなリアルな話を最近、聞きました。熟知している日本市場でも難易度がアップしているのですから、グローバル市場でのマーケティング業務は想像を超える厳しさがあると思います。

問題なのは、企画を考えていることと調整をすることを、同一の人間がこなしているケースが多いことです。プランニング（クリエイティブ）能力とプロデュース能力の個人単位での使い分けはかなりの難易度です。

たまに優秀な人間がいて、この2つを高次元でかなえてしまいます。しかし、アイデアや発想に集中する作業と、全体の人・時間・金をコントロールする作業とは、本来、職能が異なります。

たとえばですが、宮崎駿さんと鈴木敏夫さんのふたりがいるから、ジブリは名作を生み出し、ビジネスとして成功したのではないでしょうか。もし、ひとりだったら、どうだったでしょう。クリエイティブ力とプロデュース力の両輪が回ること、それがヒットを生み出す秘訣です。このパワーの掛け算が市場創造の必須条件になっていると言ってもいいのです。

欧米では、この2つは明確に違うものと認識されますが、日本ではそうではありません。プロデュース能力はゼネラリスト的ですので、スペシャリストに評価が高い日本では、必要不可欠の職能として認識されにくいのかもしれません。

プロデュース能力とは、シナリオ構成力（予測力）、演出力（調整力）であると言われます。3つの武器、人・金・時間を握って、社会的成功を創ります。

今、この能力を持つことがきわめて重要なのは、市場に、メディアに、情報に、決まりきった筋書きがもはやないからです。しかし、私たちのビジネス活動は、そこに筋書きを書いていかないことには成立しません。市場は予測不可でも、ビジネスが予測不可では、利益は生まれません。

全体シナリオを考えること、次に何が起こるかを予測すること、実現に向けて人・

金・時間を調整すること、この3つが、企画の実現力には欠かせません。

あなたがリーダーであり、残念ながら伴走してくれるプロデューサーがいなければ、この3つの視点を持つ必要があります。

次に何が起こるかを予測するのは、マネージャーのいちばん大切な資質です。名監督の条件について次のような話を聞いたことがあります。

9回裏、2対1で1点のビハインド。ワンアウト1塁。サヨナラのチャンスです、ホームランが出れば。

並の監督であればバッターに「積極的に打っていけ！」というサインを送ります。そして、祈ります。今日はどうしても勝ちたい、お願いだ、ホームランを打ってくれ、せめてヒットでもいい。そうだ、最悪なのはゲッツーだ。ひたすら祈るのが彼のジョブになります。

しかし、名監督は、10回からのピッチャーを誰にしようか考えていると言います。同点になる可能性の、その先（延長戦）を見つめているのです。どうしても勝ちたい試合なら、10回からローテーションを無視してエース級を投入する方法はないか、と考えます。実は、明日の降水確率90％もその判断の中にあります。この場合の彼のジョブは、予測の計算です。

リーダーの場合、この予測力、プラス、本質的に前を向いていることが肝要です。将棋の世界では、勝負に強いのは、意外にも楽観的な人だと言います。ちょっと形勢が悪くなってもまだ挽回できると発想し、ちょっと形勢がよくなってもまだ注意を怠ってはいけないと発想する。「注意深い楽天家」が理想です。これは、私も、そうでありたいと思い続けている指針です。

人づくりの法則のためのポイント

そして、シナリオ構成力（予測力）に続いての決め手は、「人づくり」です。ビジネスは、人と人とが描くドラマです。このことを忘れているビジネスパーソンが多いのがとても気になります。

ネット社会は人間の関係性を広く拡大しましたが、必ずしも深く拡大したわけではありません。会って話す、がネットワーク構築には欠かせません。顔や声といったリアルな情報に接すると、人の脳は活発化します。

異なる部門のリーダーやスタッフと雑談する機会を増やすだけで、企画の実現度は上がります。雑談は大事なのです。雑談で人のコミュニケーション脳は鍛えられます。あなたの理解者をつくる。そうすれば、たとえ案を否定するとしても、前向きな否定をしてくれるはずです。

私が仕事をした名プロデューサーは、すべての「人」に対して強いスキルを持っていました。とにかく安心感があります。安心して運転できるクルマに乗っているようなものです。ドライバーは思い切って運転ができるのです。

「人づきあい」ではなく、「人づくり」へ。関係こそがエネルギーの時代ですね。では、どうしたらそのセンスが磨かれるの？　ですが、「チャーミングな人間になるためにはどんな努力をしたらいいか」という問いを「発し続けること」ではないか、と感じます。

営業としての能力を上げるとか、企画書を書く能力を上げるとか、そういうことは実は二の次だと、最近、思います。あの人といると勇気づけられる、思いっきり飛躍できる、成長できる。簡単に言うと、人間力です。その人間力は、ややこしい状況のさまざまなステップを乗り越えていく力になります。人間力を「あなた力」にする努力がセンスなのです。

チーム力を高めるためのリーダーシップ

現在は、プレゼンで相手を巻き込むだけでなく、自らのチームを巻き込む、そのセンスが問われています。

リーダーシップの話をします。書店に行けば、ずらりとリーダーシップ関連の本が並びます。会社組織におけるリーダーの役割が高まっています。悩んでいるリーダー、その下で悩んでいる部下も増えていると聞きます。

さて、ウェブに、１・０とか、２・０とかの進化認識があるように、私は、リーダーシップにも歴史的推移があると考えています。

リーダーシップ1・0は、「ボス型」の時代です。

リーダーは「地位」で、その「権限」がリーダーシップでした。ですから、命令で人を動かします。会社の利益のために働け！　はい、以上です。自分は必ずしも現場に出る必要はありません。

利点は、話が早いこと。おおよそ軍隊の指示命令系統です。「俺がやれと言ったらやるんだ」です。欠点は、部下にとって納得しがたいことでもやらないといけない、その不合理さです。

リーダーシップ2・0は、「突撃隊長型」です。

スペシャルな領域で高い能力を持った人がリーダーになります。実戦に自ら隊長として斬り込んでいきます。「背中で教える」タイプで、周囲のリスペクトが原動力です。チーム管理の比重は、全体の10％くらいで、あとは行動あるのみ。実績で人を動かします。

仕事により専門性が必要になって、リーダーは「地位」ではなく「行動」へと存在価値がシフトしたわけです。

いい面は、短期的な成果に結びつきやすいこと。部下にとっては、ついていければ一流のスキルを身につけやすいこと。欠点は、ついていけなければ、放置されてしまうことです。

リーダーシップ3・0は、「パートナー型」です。「命令だ。やれ！」「俺についてこい！」では、どうもうまくいかないことが多くなった。ビジネス環境が複雑になった。それにより実質労働時間が増えた。成果主義の運用がどんどん厳格になった。などにより、肉体的にも精神的にもビジネスパーソンはダウントレンドに陥りやすくなっています。

チームは、常にコミュニケーションを密にし、目的を共有化して進まなければならなくなりました。その結果、リーダーには、以前にくらべ、チーム運営の責務が大きくのしかかるようになっています。利益責任だけでなく、チーム員ひとりひとりのモチベーションにも責任を持つようになったわけです。

パートナーと言っても、会社の組織上は上位下位関係ですから、本当の意味で横並びの関係になりようもありません。コミュニケーションのCの壁がここでも問題になります。

おことわりしておかなければならないのは、「ボス型」「突撃隊長型」がダメであると言っているわけではありません。環境の変化を見ていると、「パートナー型」に移行しているし、そのほうが大事な人材である社員を成長させやすい、働かせやすいという、大きな利点があるということです。実務レベルでは、「ボス型」「突撃隊長型」が大きな成果を獲得する時もあります。

さて、あなたはどのタイプのリーダーなのか。どのタイプを目指すのか。私自身で言えば、この3つをケースバイケースで使い分けていたように思います。ただし、どちらかと言えば、「パートナー型」なのかもしれません。

リーダーシップの在り方はとても深く多岐にわたる、ビジネスパーソンの生き方にかかわる問題です。

「優れたリーダーは、『私』とはいわない。意識していわないのではない。『私』を考えないのである」(『非営利組織の経営』)

ピーター・ドラッカーの言葉です。

私心を捨てれば、他者を巻き込むことができ、チームを共に戦える力に高めることができます。アイ（I）には、愛なし。自分中心マインドはどれだけうまく立ち回っても、やがてバレてしまいます。

最強の布陣と明確なスタートライン

リーダーあるいはそれに準じた方に、プレゼン時のポイントをいくつかお話しします。

人の能力を最大限に生かすためには、最強の「布陣」が必要です。プレゼンまで仮に1カ月あるとしたら、1週間は、どのようなスタッフィングで走るのか、どのようなパーソナル・スキルを発揮して業務を進めてもらうのか、を熟考すべきです。

経験知でいうと、拙速に業務にとりかかると、途中でスタッフを増強したり、当初とは違うことをチーム員にお願いしたりと、混乱が多くなります。布陣は、戦術そのものです。大型案件であれば、外部の専門家をチームに取り込むことを積極的に考えます。スタッフィングにもアイデアが必要です。

もうひとつ。必ず全体会議を開いて、明確なキックオフをすることも大事です。スタートラインの曖昧さはアウトプットに大きなズレを生みます。

たとえば、新商品導入によるラインアップ強化であれば、いきなりＨＯＷ（どうやって）で仕事を進めていくかではなく、なぜラインアップ強化をするのか、その目的を共有するべきです。

「利益のオントップ」なのか、「新たなターゲットの取り込み」なのか、「やがて主力商品にしていくトライアル」なのか。それだけでなく、現有商品の強み弱みは何なのか、経営はどういう青写真を描いているのか、など、ＷＨＹ（なぜやるのか）をともかく明確にすることです。

そのうえで、チームメンバーには、個別に何をやるべきかをイメージしやすいように伝達していきます。そして、何よりも、リーダーのあなたが、何をゴールにしているのかを明確にすることです。

チームを巻き込むためには、何よりも「練られた布陣」と「明確なスタート」が必要です。会社や得意先からスピードを要求され、拙速なものごとの進め方に慣れてしまうのは禁物です。

説得するのではない、感動させるのだ

巻き込むセンスと言えば、プレゼンテーターのセンスです。

「プレゼンテーター、やってください」と言うと、「いやー、自信ないです」と逃げ腰になる人は多いものです。かつては、私自身もそうでした。

しかし、ある時期から積極的にプレゼンテーターをやるようになりました。私の中でイノベーションが起きたわけです。

日本のビジネスパーソンはプレゼン下手だと言います。要因は3つあげられます。

1つは、いい企画であれば説明しなくてもわかってくれる、と思っていること。「あうんの呼吸」の信奉。外身より中身が大事、という美学です。

しかし、提案の趣旨がよく伝わっていない、わかるはずだと思って説明しなかった

ところで疑問を持たれる。そんなケースは増加しています。

つまり、プレゼンを受ける側が成長したのです。ちょっと前までは、新しいマーケティング理論や、欧米で注目の新手法に、絶対的な説得力がありましたが、もはや全体の点数を10点くらいアップさせる効果しかありません。情報が日々グローバル・レベルで動く中で、企業人は学習を怠らなくなりました。

そんな賢い相手に、「あうん」で迫っても戦果は乏しいものです。「なるほど！」を目指すプレゼンテーションの全体設計がなければうまくいきません。

2つめは、説得の技術を鍛える場が少ないことです。多民族多言語の欧米では、プレゼンテーション・ノウハウは、教育に大きな位置を占めています。共有のコンテクストを持ちにくい社会でのビジネスに必須のものだからです。

訓練によって身につけていくスキルで、ハーバード大学では、プレゼン時に、ボードに板書するタイミングや場所までレッスンを受けると言います。

プレゼンの名手と言われたスティーブ・ジョブズも、何度も何度も練習をしたそうです。欧米の経営者にとって、プレゼンは業績や株価に大きな影響を及ぼす場です。

日本でも、徐々にそう考えられ始めています。

3つめは、失敗を恐れるマインドです。実は、これがいちばんの壁です。プレゼンテーターの良し悪しで結果が違ってくる重い責務ゆえに、自分が失敗要因になるのではと危惧するのです。うまくいかずに立ち往生している、その場の自分を想像したくない！

プレゼンテーターを高く評価する企業は多くないですし、チームの全員から恨みを買うかもしれないと考えたりしますから、リスクは自らの中で増殖します。

公平に見て、説明が下手だからと自己分析をしている人もいるでしょう。しかし、下手だから経験を積むいいチャンスでもあるのです。やってみなければ、何も変わりません。失敗するかもしれないから、成長できるのです。

今、日本の大学でもさまざまなプレゼンの場を学生に用意しています。若い世代はプレゼンテーション・スキルをある程度身につけて社会に出ます。やがて、グローバルで活躍するプレゼンの名手も生まれることでしょう。

さて。3つあげた要因に、私も縛られていました。プレゼンの前日からその瞬間まで、不安は血圧とともに上昇し、うまく説明できなかったらどうしよう、と悪い結果を考えがちになったものです。

きっかけは、ある競合プレゼンでした。僅差で勝利したらしいのですが、クライアントの方に「勝因は何でしたか？」と聞いたところ、「あなたのプレゼンがよかったよ。面白かった」との返事でした。

「あなたの」と「面白かった」が意外でした。もちろん、案がよかったこともあります。発見したのは、個人が勝因になりうるということ。そして、これがいい！　と案をプッシュするより、相手の興味を引き出して案に賛同してもらう、つまりプルするほうが効くということ。

そう、いいプレゼンは「押す」のではなく、「引き込む」ものだとわかったのです。イメージとしては、劇の役者です。企画書という脚本、プレゼンという劇場で、観客を前に演じているようなものなのではないか。

いい役者は、シナリオを自分の感性を通して言語化し視覚化します。そして、ドラマ（物語）に引き込みます。感動させます。よーし、だったら、役者を演じてみよう。

それも楽しいかもしれない。そんなふうに前へ踏み出したわけです。

それ以来、クライアントを巻き込む成功例が目に見えて多くなりました。プレゼンを、自分自身が楽しめるようになったのです。

いいプレゼンにはパターンがある

最近、TEDをインターネットで見ていつも感心します。プレゼン・スキルの勉強には、格好の教材です。わずかな時間で、プレゼンテーターは観衆をすっかり魅了します。その人の主張にぐいぐいと引き込まれていきます。

いいプレゼンにはいくつかのパターンがあることに気づきます。

①常識を裏切るワン・メッセージがあります。人が気づいていない真実をクライマックスに用意しています。
②話の初めに、観客を「おや!」と思わせる入り口をつくります。それにより、話す

側と聞く側の一体感を醸成します。

③その人なりの話し方をしています。個性を滲ませることで、話のプロットが自然に展開されます。

④遊び心があります。ユーモアのスパイスが全体に振りかけられています。

逆側から考えてみましょう。魅力のないプレゼンとは何か、です。

①理路整然としていて結論は正しいが、意外性がないプレゼンは響かない。メッセージがないか、いくつかに分散しているプレゼンも同様。

②相手をリラックスさせずに説明を続けると、企画案が押し付けがましく聞こえる。聞いているほうもそれなりに緊張していることに気づくべき。

③個性のない話し方は提案の内容まで個性がないように思われる。

④ユーモアのない話は印象に残らない。貴重な時間なのだから、楽しんで聞いてもらうほうがサービス精神に富んでいる。眠くならないメリットもある。

プレゼンの際に、着る洋服にアイデアをこらすプレゼンテーターがいました。たとえば、プレゼン商品がバイオレット色ならバイオレット色のスーツを着ていきます。クライアントもなごみます。自分自身も話しやすくなります。②と③で得をする独自のテクニックです。

プレゼン・スピーチは、魔法さながらに、チャーミングな時間をつくります。

外資系ＩＴ会社のブランド統括役員（40歳そこそこのアメリカ人でした）が、ニューヨークで流通やパートナーや広告会社に今期のブランド戦略を発表したことがありました。ＰＣでプレゼンをしていたのですが、なぜか途中で壇上を照らしていた照明がパッと切れ、プロジェクターもストッと落ちて真っ暗になりました。アクシデントです。しかも、ＰＣは、自社製！

しかし、彼は即座に言いました。「さあ、ＫＡＲＡＯＫＥタイムの始まりです。マイウェイなら、歌詞を見なくても歌えますよ」。会場が笑って、彼も笑いました。プレゼン上手とは、まさに、トラブルさえもリラックスに変えてしまうものか、と感服したものです。

私たち日本人のプレゼンは、いささか、個性と遊び心が足りないかもしれません。もっと自由であっていいと思います。説得しようとするのではなく、感動させる。それがプレゼンの巻き込むセンスです。

終わってからが巻き込むセンスの使いどころ

プレゼン・スキルを向上させるためには、実はプレゼン後がポイント、という話をします。

プレゼン終了！　その開放感はビジネスパーソンにとって最高のものがあります。何カ月も続いた作業あり、徹夜に近い日もあり、デートを飛ばしたこともあり。結果はまだわかりませんが、とりあえず、今日で一段落。さぁ、パーッと行くぞ（飲み、その他）、です。

その日は、おつかれさま！　でいいのですが、冷静に考えると、プランニング業務はまだ続いています。というのも、プレゼンを受けた側の、分析、検討、判断、最終決定のプロセスがスタートするからです。

重要案件であれば、受けた側も命運を賭けた戦いです。判断ミスは許されません。あなたのチームが考えたプランニングが会議の俎上にのぼり、徹底的に吟味されます。競合であれば、徹底的に比較もされます。

さて、プレゼン終了後に、本当にやるべきことはありませんか。

私の経験ですが、こんなことがありました。それは、ＰＨＳの市場新導入に際しての競合プレゼンでした。私はまだリーダーではなく、一チーム員でした。

プレゼンが終わり、質疑応答の時間に、担当役員の方が「売らないと次がない」という発言をしました。当たり前かもしれませんが、聞いた瞬間、私はなぜか、とてもひっかかりました。

提案は、まだマス広告全盛の時代ですから、とにかく新発売のインパクトを最大にして、商品認知率を最速で上げる、そのためにはＣＭを最大限活用する、大枠そんなコミュニケーション戦略でした。

しかし、ＣＭを見たターゲットを店頭に誘引するアイデア、さらには店頭で実購入に結びつけるアイデアは、提案の一パートとしてはありましたが、若干、付け足し的なものでした。私は、プロモーション施策が本当にこの提案でいいのか、プレゼン後、企画書を見ながらそう思いました。

オフィスに戻り、この感じたことを上司に話しました。

「確かに、CMメインだから、セールスプロモーションはあまり力説しなかったね。でも1時間の持ち時間の中での強弱だから仕方がないと思うよ」

「セールスプロモーションの部分だけ考えて持っていけないでしょうか」と私が言うと、「後だしジャンケンになっちゃうからなぁ」と答えます。そう、決められた日時と持ち時間の中で提案するのが絶対ルールです。競合各社が一斉に、案を「ポン！」と出して勝敗を決める決まりですから、後だしと言われれば確かにそうです。

「今後のうちの印象が悪くなる可能性もあるし、後だしは」と正論で念を押します。しかし、直感は何よりも大事だと信じていましたから、「明日出せばどうですか。明日ならば補足資料と言えるのではないでしょうか」と粘ります。上司はやがて渋々承諾し、営業にどうやって持っていくか相談しなさい、と、とりあえずのOKを引き出しました。

先輩の営業に話をすると、ややとまどいましたが、「いいよ、持っていこうじゃないの。向こうだっていい案が欲しいんだから」と積極的即断をしてくれました。

もちろん、その夜は徹夜です。言ったことに責任は取らなければいけません。チーム員も意気に感じて、2、3人集まってくれました。難産でしたが、朝方にはいいアイデアが出て、簡単な企画意図をつけて、朝一で営業に持っていってもらいました。

クライアントの担当者に追加提案（補足資料）を出すと、「明日、プレゼン案の検討会があるからまだ大丈夫ですよ。受け取れます」とすごく前向きに言ったそうです。

気になる結果ですが、このプレゼンは勝ちました。各社とも優れたところがあり、微差の戦いになったようですが、なんと、セールスプロモーションの考え方とアイデアで決まりました。

チャレンジは人を巻き込む力があります。何よりもチャレンジすることのメリットは、同じようなチャレンジ・マインドを持った人間が集まってくることです。それは、突破力というチームパワーを生み出します。「志は、志を集める」。私なりに格言にすると、そうなります。

それ以降、何度か、プレゼン後に追加提案をしました。少なくともクライアントには「熱意」が伝わったケースが多いように思います。ただし、ルールを厳格に運用している企業もありますので、注意が肝要なことは言うまでもありません。

プレゼンがうまくいかなかった時、負けてしまった時、リーダーとして、ここが大きな腕の振るいどころです。敗因分析ほど気の重いものはありませんが、実は大切です。敗因分析は、明日をつくります。

チーム員にとって、悪い結果にもかかわらず、ホント、ご苦労さん、いやー、勝敗は時の運だよねぇー、などと言うと、モチベーションを激しく下げることがあります。チーム員たちは一生懸命、戦ったのです。ねぎらいの言葉などより、実は、なぜ案が評価されなかったか、採用されなかったのか、そこをいちばん知りたいのです。知らない限り、成長はありません。また同じ失敗を繰り返すかもしれませんから。

会議室に全員を招集して、不採用の原因を語り合いましょう。なぜ？　を洗い出すのです。雑談でかまいません。それでも意味は充分あります。

あまりにも最後、時間がなくなってしまった。コストに縛られ過ぎてプランの幅が広がらなかった。アイデアが単純に弱過ぎた。社内の根回しが甘かった。キーマンの読み違いがあった。企画書の構成がわかりづらかった。などなど。

では、次にどうしたらいいか。その手がかりを発見できると思います。プレゼンテーションにもPDCAがあり、そのサイクルをまわすことが必須です。チェック（Check）とアクト（Act）の徹底は「改善力」を生むツボです。トヨタ自動車の「改善（KAIZEN）」は、まさにこのツボを押さえたイノベーションの方式です。

ビジネスパーソンにとって、プレゼンは大きな舞台であり、そこでの成功が幸せな自己実現につながっていきます。終わってから次のプレゼンまでに、自分と自分のチームは成長するべきです。うまくいかなかった経験こそ、宝物です。

最後に、巻き込むセンスに関連して、今、マーケッターに求められているセンスを付け加えておきます。それは、「視点改革」にあると考えます。

マーケッターは市場を分析し、発見し、創造していくことのスペシャリストです。その能力を掘り下げる、いわば縦軸ベクトルでの鍛錬は怠らずにやるべきです。

しかし、横軸ベクトルの鍛錬もするべきです。横軸とは、ゼネラリストの発想とネットワークの創造です。この能力こそ、社内・社外・社会を巻き込んでいくセンスの実体です。

ネゴシエーション力も、自己演出力も、とても大事になります。専門家の視点にこだわりすぎることで、ヒューマンな視点を忘れてはいけません。

マーケティングする対象は、市場から社会へと範囲が広がっていきます。マーケッターは社会学者のようなものになるでしょう。ビジネスマインドを持った社会学者です。マーケティングは脳科学、心理学、行動科学といった分野と領域を重ねていくでしょう。広告プロモーションを脳科学から発想する。それは現実になります。

もし、あなたに巻き込むセンスがないとしたら、あまりにも今のルールや経験値に縛られているからかもしれません。視点の改革。それを意識することが明日を拓くことにつながります。

第7章

ブランディングを成功させるための7カ条

マーケティングの究極の目標

ブランドづくりは、マーケティングの究極の目標と言えます。ともすれば、「多く売れる」や「多く集める」を目標化しがちですが、その状態がどのくらい続くか、時間軸の価値観がいちばん重要になってきています。

安売りセールスをして利益を上げても、その期間が終われば売り上げが停滞し、また安売りというカンフル剤を打つしかなくなる。このサイクルに入ると最悪です。短期的利益ではなく、永続的利益を考えるのが、ブランディングです。

それは、顧客と長期にわたる絆を結ぶ戦略でもあります。20年続けば、理想的なブランドと私は考えています。時代が変化しても、顧客が年を重ねても、良好な関係であることは素晴らしいことで、そこを目指すのです。

しかし、ブランドの構築は、きわめて難易度の高いことです。新商品やサービスがブランドを創造できずに、市場から消えていくケースが多いと言えます。

ブランドのコンサルティングを数多く行ったウォーリー・オリンズは、著書『ブランド創造史』の中で、ブランドについて「覚えておかねばならない唯一の信頼すべき法則は、どこでも通用する法則はないということである」と述べています。ではどうすればブランドができるのか。その法則は？　公式は？　ブランド化＝差別化であるというのが定説ですが、本当にそうなのか、それだけで足りるのか、と私は日々考えてきました。もちろん「製品」「サービス」だけでなく、「スタッフ」「チャネル」「イメージ」をふくめた差別化です。

差別化を明確にするだけで、優れたブランドの、あの説明できない魅力を手に入れられるのか？　その疑問は、私がクリエイターゆえに持ったのかもしれません。ブランド構築とは、もっと創造的かつエモーショナルなもので、従来の左脳優先型思考から脱却し、右脳的感覚を羽ばたかせ、思考と感性のクリエイティブなハーモニーの中からこそ生み出されるものではないか。そんなふうに考えているわけです。

この章では、私が行ったさまざまなブランディングから導き出されたことを、7つの条項にまとめました。法則というよりは、実務に際しての考えるヒントのようなものです。ブランディングの荒海を進むみなさまへの羅針盤になれば、と思います。

1条　ブランドとは「関係」である

製品は、ブランド構築の基本にあるものです。

20世紀最高のブランド・サクセスは、ビートルズだと考えています。このブランド構築のストーリーを参考にすると学びが多くあります。ビートルズという魅力的な新製品を偉大なブランドにしたのは、間違いなくファンの存在です。

ファンは製品を応援し、育てます。解散から45年経っても、その人気にかげりが出ないのは奇跡的で、父や母から子へと絆が継承されてきたことの証しです。

いい製品をつくることは、いいファンをつくることです。いや、初めから、この製品はどんなファンをつくっていくのかを最優先に開発するべきです。いちばん大切なのは、顧客のC（Customer）です。顧客のCとの関係構築を、広告やプロモーションにまかせる時代ではもはやありません。すべては、スタートラインである製品企画から、ファンの存在を感じて始めるべきです。開発とは関係づくりなのです。

友人の話ですが、出張で開発途上国に行ったそうです。ほぼ赤道直下の熱帯の国で、飛行機を乗り継いでやっと空港に着きました。床を清掃している現地人の方がいました。ナイキエアを履きながら、てきぱきと楽しげにモップを使っています。

そのナイキは、現地では何カ月も貯金をしないと買えない高嶺の花だったそうです。

「ジョギングをするような体型の人じゃなかったんだけど、走っているんだよね、心の中で」

そう友人は言いました。製品は、なんと人と深い関係になれるんだろうと私は思いました。ブランドは心の中で生きます。

関係づくりを主軸に置くマーケティングが的確であれば、極端な話、製品を新しくする必要はありません。時代時代の変化にあわせてアジャストしていけばいいだけです。その代表例がカップヌードルでしょう。発売から40年以上、初めは奇抜な商品だったかもしれませんが、今や世界中で愛されています。ベストセラーにしてロングセラー。カタチも味もほぼ昔のままです。

しかし、顧客との関係づくりは、カップヌードルミュージアムや味のバリエーション追求で、投資を惜しまず続けています。それぞれの人に、カップヌードルの思い出がありますね。競合商品が次々と生まれましたが、深い絆は揺らぎません。

まさに、ブランドは、モノとヒトの関係の中に創造されます。

モノ単独の優位性を創り上げても、ヒトが生活の中に取り込んでくれない場合もあります。関係性を生みやすくするにはどうしたらいいか。顧客がどうやって使うのか、その具体的なライフイメージまで感じ取って、開発を関係に結びつけていく必要があります。マーケティングの主眼はそこに移ってきています。

ブランドというドラマは、製品（サービス）と顧客の間に起こる。そのことを忘れてはならないと思います。

2条　ブランドの本質は「愛」であると考える

市場のニーズやウォンツはさまざまであろうとも、ブランドの究極は「愛」ではないかと思います。人は欲望の奥底に、愛したい、と、愛されたい、を持っています。いいブランドは、このエモーショナルな本性を刺激するのです。

どうやって商品のブランド力を上げるかを考える時、悩みます。ＳＮＳで拡散を狙おうか、いや、ストレートにマス広告か、いや、体験型のイベントか、達成の指標はどうすると効果的か、など、あれこれ考えるわけです。いや、待てよ、これらは商品を売る施策であって、ブランド力を上げる施策ではないのではないか。再度、待てよ。そもそもプロモーション施策とブランド施策はどう違うのか。

ブランドを確立すると、企業は健康体になります。一度築いた絆は容易にはほどけないからです（不祥事は別です）。ファンの多い音楽グループのようです。多少、似た感じのグループが出てきても、勝手に明確な差別化をしてくれます。

しかし、ＣＤが売れなくても、テレビ出演の数が減っても、人気は維持できるのでしょうか。商品に例えれば、売り上げが下がっても、流通の棚から落ちても、大丈夫でしょうか。答えはノーです。売れなければブランドはつくれないのです。

売れ行きが芳しくない商品や成熟期を過ぎた商品は、ブランディングが難しくなります。この場合は、リニューアルをするか、ブランド拡張するか、販売を止めるか、大胆な改革が必要になります。

新発売の商品は、売れる・売れないはまだ不明ですから、どういうブランドに育てていくか、プランニングを徹底的に考えられます。チャンスに満ちています。

その際、ポイントになるのが、何のためにこの商品は生まれてきたのか、の問い掛けです。かつてソニーのマーケティングの方から「商品には生まれてきた理由がある。それを見つけて言ってあげると（人の）気持ちが動く」とアドバイスされたことがあります。その言葉がずっと残っていて仕事のヒントにしているのです。

たとえば、日本産のワインがあるとします。アルコール度数はかなり抑えめ（10％）ですが、水っぽくなくまろやかな飲み心地です。お値段もリーズナブル、和洋どちらの料理にも合います。赤・白があってブランドとして育てていきたいと考えています。

さて、何のためにこのワインはつくられたのか？ 商品の差別ポイントとしては、アルコール度数を低くしたのに、おいしさは変わらないところでしょうか。

キーワード化すると、「10％なのに、コクがある」「さらっと飲めて、きっちりおいしい」とか、もっと技術寄りにすると「度数を抑えたおいしいワインできた」とか考えられます。でも、これはセールスポイントとしては悪くないのですが「生まれてきた理由」にはあまりなりません。それは、製品スペックの延長線上にあります。

私なら、共働き夫婦の休日のランチが思い浮かびます。1週間、ふたりでよく働きました。夫か妻かどちらかの手料理で、自宅のリビングで、オフの気分で時間を味わいます。昼間から飲むのですから、あまりアルコール度数が高いとゆったりできませんし、日曜日なら、明日から始まる仕事のことも気になります。

キーワードは「働くふたりの休日ワイン」「働くふたりに、ごくろうさんの、ワインです」とかを考えます。ふたりで飲むなら、飲料本数が増えるだろうとの読みもあります。

それって、広告コンセプトじゃないの、という方もいると思います。確かに、そうかもしれません。しかし、顧客のライフスタイルに近づいていますね。生活者目線で考えることが、ブランドにとっては大切だと思うのです。

スペック（技術・機能を数値化したもの）は大事で、薬品などの効果効能系ではそれだけでブランド化に寄与することがあります。しかし、多くの場合、スペックは技術追随されます。日本市場だけでなく、グローバル市場をふくめればあっという間です。そして、ご存知のように、それが現代のマーケット事情なのです。

働くふたりに、ごくろうさん！　と語りかけるワイン。なかなかふたりで食事もできない日々ですから、休日はゆっくり過ごしてくださいね。

商品の開発者や企業の愛がそこには感じられませんか。愛は愛用につながります。ブランドの世界観も広がります。ふたりの結婚記念日には、特別ボトルのワインが届くとか、プロモーション・アイデアも次々と浮かんできます。

マーケティングは難しいものです。しかし、難しいからこそ、ごくごく単純な指針をつくらないといけません。ブランドづくりに欠かせないのは「愛」だというのはその意味です。つべこべ言わずに「愛」、というくらいの気持ちです。

商品づくりの側からの愛をどう創り、価値化していくか。ブランドとして定着した商品を調べてみてください。ほぼすべてが「愛」を提供していることがわかると思います。相思相愛の関係をつくっていく。それがブランディングなのです。

3条　モンローにシャネル。クラプトンにフェンダー。セナにホンダ

最近になって、マリリン・モンローの未発表テープが発見されました。それは、1960年、マリ・クレール誌の取材中に、あの有名な「シャネルNO5」のエピソードについて語っているものです。1952年、あるインタビューで、「あなたは何を着て寝ますか」という質問に、「数滴のシャネルNO5」と答えましたが、この時のマリリンの肉声は残されていませんでした。

シャネル社はこの録音を入手し、企業広告INSIDE CHANELキャンペーンにマリリンのキュートな声を登場させ、大きな反響を呼びます。50年以上前のわずか10秒ほどの肉声が、今も世界を動かしたのです。

何カ月も調査・分析をし、社内の関連部門を調整し、工場のラインを動かして、やっとたどり着いた新商品が、ブランドになることなく、生産終了というケースも少なくないのに、どうでしょうか、この一言の威力は！

しかし、ブランドを創造する時のヒントがここにあると思うのです。大スターだっ

たから、世の中の注目を引きやすかった？　無名の香水ブランドではなく、有名な香水ブランドだったから話題になった？　いいえ、冷静に分析してみると、当時のマリリンは大スターへの階段を上る途中でしたし、シャネルＮＯ５も、戦後まもなくのアメリカ市場で、ブランドがまだ復活していなかったことがわかってきます。

では、なぜこの答えがアメリカのご婦人たちのハートを深く射止めたのでしょう。ずばり、コンテンツ力があったからです。感性を刺激する力があったのです。

誰にも言わされていない、演出なしの素直な言葉。ヌードで寝ていることをほのめかすユーモア。遊び心のセンス。そして、忘れてはならないのは、当時、淑女を理想とする婦女子像から抜け出して、社会で個性的に生きようとするアメリカの女性たちに、勇気を与えたことです。

時代へのアンチテーゼを内包する言葉でもありました。ここがとても重要です。ルールを破っていたのです。当時のアメリカの女性が、ベッドにまつわる発言をパブリックにはできなかったからです。そして、若く美しいままこの世を去った、ひとりの女としてのマリリンへの共感もプラスされ、ブランドの伝説ができました。

「ブランドは人をもって語らしめよ」と、プレゼンの場で示唆してくれた世界的企業のブランドマネージャーがいました。ただし、日本で言うタレントはプロモーションには適しているが、ブランド形成には精神的な深さを持っているセレブリティが必要だ、とも言いました。セレブリティとは、必ずしも裕福でなくても、自分の考えを持って行動し、その考えが広く支持されている人のことを指します。

ブランド・パーソナリティという概念があります。ブランドを人の属性に見立てます。IT関連なら「アクティブな」「フレンドリーな」などでしょうし、金融なら「誠実な」かもしれません。目指すべきブランド像が明確化されます。

これから展開すべきブランド・ストーリーの中で、どうやってタレントではなく、セレブリティをもって語らしめるか。ブランドをどう人格化するかが鍵になります。

人間の脳は、人の顔に関して、他の対象物よりも、きわめて大量の情報量を読み取ると言います。人間は、人間にいちばん興味があります。ブランドとは、誰が使っているか、誰が愛しているか。そこがパワーの源泉です。

ナイキのキャンペーンでの、世界的に有名なアスリートたちもただ推奨の役割で登場してくるのではなく、チャレンジングな自らの意思を羽ばたかせる精神の象徴として登場します。ここが感性に響くのです。心理学的に言うと、自己投影が生まれ、自己同一化が生まれます。あのアフリカの空港のおじさんと同様、マイケル・ジョーダンになって走るのです。それはまさにブランドの力であり、人を幸せにする魔法です。

フェンダーのストラトキャスターを愛する、ブルース・ロックの巨人、エリック・クラプトン。ホンダのＦ１マシーンを操り、天才的でストイックな走りが鮮烈だったアイルトン・セナ。そして、マリリン・モンロー。人はそこに解き放たれた自分を見ます。今の自分ではなく、なりたい自分、なるべき自分を重ね合わせます。だから、それぞれのブランドは、離れられない「愛」を持つのです。

「人をもって語らしめる」のは、開発者の場合もあります。開発者かつ創始者の場合もあります。ウォルト・ディズニー、松下幸之助、本田宗一郎、豊田喜一郎、井深大、盛田昭夫、スティーブ・ジョブズ、ビル・ゲイツ、マーク・ザッカーバーグ……と、企業ブランドを輝かせている人ばかりです。ファッション業界でも数多く存在します。

興味深いのは、いずれの人も「型を破った人」たちであることです。ブランドを成功させるには、市場の型を破らなければいけないとも言えます。

既存市場の既存顧客を差別化によって取り込む、シェア拡大戦略からは、なかなかブランドは生まれてきません。リスクが少ないかわりに、競争に勝つためには、広告宣伝によってプロモーション・コストを永続的にかけないといけません。

イノベーティブな市場戦略は、リスクは大きいのですが、当然、ライバルは少ないので、成功すれば利益は大きく、その利益でブランド拡張をしていけます。王国を築きやすいのです。ブランドは人格を持つものです。ブランドはチャレンジ精神の具現化です。とすれば、チャレンジ精神を持つ人間をブランドのシンボルとすれば、そこには物語が生まれます。顧客とブランドのドラマが生まれます。

4条　価格を20%上げてもその商品を買うか、考えてみる

商品の売り上げが悪くなった時、あなたなら、どう考えますか。

その1　セールをやる、グッズが当たる、入会金半額、お試しセット数を増やす、など敷居を低くして、とにかく購買してもらう。短期的ではあるが、利益をきっちり確保していく。

その2　売る仕組みを問題視する。販路を広げる、取扱店を増やす。Eコマース・ダイレクト販売など、購買の場づくりを質・量ともに改善していく。

その3　商品そのものにメスを入れる。商品コンセプトと顧客ニーズの間に乖離（かいり）があるのではないかと考え、商品のリニューアルを目指す。価格設定も流通対策もそれに応じて変えていく。

ブランドを成功させる資質がある人は、3を考えようとします。1と2を私は否定しているわけではありません。局面によっては、当然ありです。

1は、利益がとりあえず出ることが利点です。予算達成の営業目標をかなえる近道です。多くの企業ではこの戦略を重視しています。

2は、売り場の構造と接点の変革ですから、中期的な効果になります。人員とコストがある程度かかります。

3は、いわずもがなですが、時間とコストがかかります。しかも、現行商品を捨てるわけですからもう後戻りはできません。新商品が売れる確約もありませんから、リスクは大きいものがあります。

3の利点は、根本からマーケットを把握し直し、ブランド構築を始められることに尽きます。顧客との関係を革新的に変化させられる可能性があります。

成功すれば、永続性と高い価値が保証されます。旧商品の商品サイクルが5年、価格が3万円だったとしたら、サイクルは20年、価格は20％高く設定する、そんなシナリオの書き換えができるのです。

魅力あるブランドを持つ企業は最強です。一度できた顧客との相思相愛の関係は容易には崩れません。それは、なんと理想的なマーケティングなのでしょうか！　ブランドをつくれる、つくれないでは、企業の将来に雲泥の差をつくります。

日本ではまだ、ブランド構築より、セールスプロモーションにコストを投下している企業が多いと感じられます。コトラーの有名な言葉があります。「今日の売り上げと引き換えに明日の顧客を失うことがよくある」（『1分間コトラー』）。非常に示唆に富んでいます。見えない市場環境の中で、現代マーケティングでのプライオリティは、1番は「顧客をつくる」ことです。「売り上げを上げる」ことは2番目なのです。

サイモン・シネックの「ゴールデンサークル」というものがあります。参考になると思いますので、ご紹介します。同心円が3つあります。外側から内側へ、WHAT・HOW・WHYです。普通のリーダーが部下にコミュニケーションを取る時（たとえば、仕事の依頼）、何をやるかをまず伝えます。それからどうやるかを伝え、最後になぜやるかを伝えます（伝え忘れることもあります）。矢印は外から内へ向かいます。

しかし、優れたリーダーは、まず、なぜやるのかを伝えます。次に、どうやるかを、そして最後に、何をやるかを伝えます。矢印は内から外へ向かいます。

シネックはTEDプレゼンテーションで、リーダー論にこの黄金の円を使っていましたが、実はブランド論にも使えます。彼は、その場で次のように言っています。アップルの製品はなぜ心を捉えるか、その理由についてです。

ふつうのPCの広告メッセージは、たとえば「我々のコンピューターは、素晴らしく美しいデザインで、しかも簡単に使えて、とてもユーザーフレンドリーです。どう

〈サイモン・シネックのゴールデンサークル〉

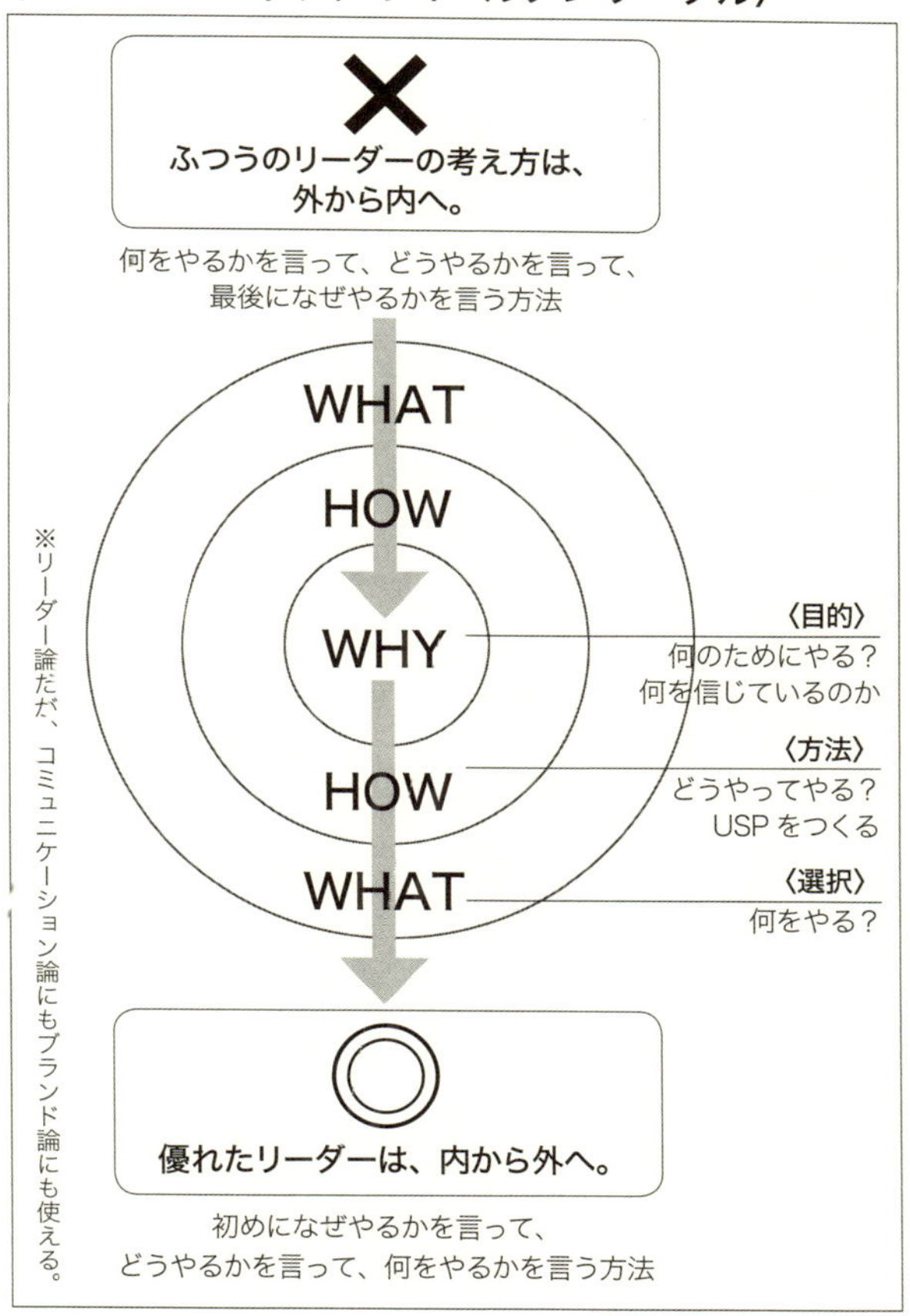

参考：Filmed September 2009 at TEDxPuget Sound
サイモン シネック：優れたリーダーはどうやって行動を促すか
http://www.ted.com/talks/simon_sinek_how_great_leaders_inspire_action?language=ja

です、ひとついかがでしょうか？」となると言います。

では、アップルだったらどうでしょうか？

「我々のすることはすべて世界を変えるという信念で行っています。他とは違う考え方に価値があると信じています。私たちが世界を変える手段は、美しくデザインされ、簡単に使え、ユーザーフレンドリーな製品です。こうして素晴らしいコンピューターができました。ひとついかがでしょうか」

答えは明白です。決定的な違いは、前者にWHYがなく、後者にはあることです。WHYとは、この場合、なぜ生み出されたのかの理由、意図です。

差別化（USP）は、HOWの領域です。実は、差別化だけを訴えても、人はもはや行動をしないのです。多くのマーケッターが陥りやすいことでもありますので、注意が肝心です。なぜ、何のために。その円の中心を明確に持たないと、人は納得せず、行動はただ衝動的になるだけです。

ハイスペック高画質テレビをつくってもすぐに技術が追随され、価格競争に巻き込まれ、コモディティ商品のような市場環境にはまり込み、今日の売り上げのためにセールスプロモーション・コストを投下し続ける、という良くないシナリオに突入します。

商品の価格を20％上げても売れる商品であるためには、どうしたらいいか。つまり、ブランドに本質的な存在理由を与えることこそ、もっとも大切なのです。

「THINK DIFFERENT」。アップルの企業メッセージです。他とは違う考え方をしよう、ユニークであることを愛そう。このメッセージが存在理由そのものであり、商品をブランド化する礎石としてワークします。微妙なポイントですが、他とは違う機能を持とう、ユニークな機能を愛そう、とは言っていないことに注目してほしいのです。

企業哲学としてユニークを愛すというメッセージが、人生哲学としてユニークでありたいと切望する顧客に響き、価格や機能の競争から独立した存在が生まれます。他より20％高かろうが、関係なく買っていきます。満足そうな顔をして。

そう、もはや彼（彼女）は、ファンであり、その企業の製品と共感しながら、日々の生活を送っていくのです。

5条　デザイン力を理解しない限り、ブランドはつくれない

デザインを芸術、アートと誤解する人が多いようです。あるといいけれどもなくてもいいもの、装飾性で商品の魅力を10％だけ上げてくれるもの、そんな認識がまだあります。

ロンドン・ビジネススクールの調査によれば、製品デザインへの投資が1％増えるごとに、売り上げと利益は平均して3〜4％上がり、他の調査では、デザインを非常に重視している会社とそうではない会社では、前者のほうが株価が大幅に上回っているそうです。

これは何を意味しているか。そう、デザインの働き場所は、芸術・アートの領域から脱して、もはやビジネスの領域にあるということ。デザインを重視しない会社は、株式市場からの期待が少ない、いわば未来のない会社と思われる可能性があるということです。製品の差別化を図り、市場の空白地帯を狙うために、サイエンスを駆使し、データ集めと数字の分析に明け暮れる。それだけでは、もはや成功は保証されません。

ブランド創造は、人の感性や本能に訴えることが今や必要になってきています。左脳だけではなく、右脳を活用する。エモーショナル・マーケティングの時代です。デザインはその最重要なファンクションであり、ビジネス戦略上のキーを握っているのです。

美術大学のデザイン学科の講師をしている時、デザイン制作の現場でしかわからない貴重な学習をしました。

「鉛筆をもっと使ってもらうためのアイデアを考え、デザイン物をつくりなさい」というような課題を出します。デザインでソリューションをする訓練です。美しいデザインを目指すのではなく、人を動かすことを目指します。

企画意図を全員書いてきます。誰に、どんな時、どんなふうに使ってもらうか。STPを定めてきます。その結果、こんなデザインになりました、とプレゼンテーションするわけです。前説明がかなり長い学生もいます。

意地悪かもしれませんが、ある時、前説明を禁止します。企画説明なしで、デザイン物のみを発表してもらいます。さて、どんなことが起こると思いますか。

意外なことに、アイデアの質が上がるのです。筋道を説得できないので、見ただけで「なるほど！」と理解されるように考える。一期一会の説得力のために、ユニークネスやインパクトを持とうとする。カタチの中に、人を引き寄せる「本質的な動機」が込められてくるのです。

この状態は、ある状態に似ています。それは、みなさんが店頭や街角やサイト上で、商品や広告にパッと遭遇した時の状態です。「欲しい！」と思う時、脳は一瞬にして、差異性や独自性や思想性を判断します。企画説明なしで、です。

つまり、デザインにはマーケティング上の企みを凝縮して表現する力があるのです。商品という体にチャーミングな衣を着せる役割だけではなく、着ている人そのものを表現する役割もあるのです。意味をカタチにする「有意性」があると言っていいでしょう。

実用性（HOW／WHAT）だけでなく有意性（WHY）を持つ。前項でもお話ししましたが、それがブランド構築に必要なものであるならば、デザインはブランディングの核心にあるべきものです。

デザインをブランド創造に組み込んで成功している企業は多くありますが、いつも驚嘆するのは、ディズニーです。まさにデザインの王国だと思います。キャラクターデザインをはじめ、ショップデザイン、グッズデザイン、建築デザインと、一切の妥協がありません。創始者のウォルト・ディズニーのクリエイティビティの精神が生き続けています。

注目すべきは、今あげたそれぞれのデザインを集合して、大きなデザインを創っていることです。見る人、聴く人、訪れる人、その体験のすべてをデザインしているのです。そのデザインは人をある場所へ導きます。それは現実にはないけれど、みんながあってほしいと心に描く夢の場所です。

「ディズニーランドが完成することはない。世の中に想像力がある限り進化し続けるだろう」

これは、ウォルト・ディズニーの言葉です。まさにブランディングです。ブランドは進行形で追求され続けているのです。マーケティングの最終段階で、製品デザインに取りかかるのでは遅過ぎます。デザインを仕上げの過程ではなく、価値発見の過程にあらかじめ明確に組み込むことで、ブランドと顧客は「本能的」な関係を結びやすくなります。デザインの力はもっと評価されるべきです。成功の鍵はそこにあります。

ＰＣ上のパワーポイントとにらめっこばかりしているよりは、デザイナーの上げてくるデザイン画を見ているほうが、マーケティング脳は間違いなく刺激されます。

6条　企業ブランドこそ、最強の早道

ひとつひとつの商品やサービスをブランディングしていく努力にくらべると、企業（自社）のブランディング構築の努力はやや比重が低いように思います。広告予算で言えば、やはり商品広告にプライオリティがあります。

ソニーの広告を担当していた時、「私たちソニーは企業広告はやらない。商品広告の積み重ねが企業のイメージをつくっていく」という不文律がありました。当時のソニーは商品ひとつひとつがイノベーティブでしたから、その総体としての企業イメージは、黙しても充分に語っていました。

しかし、最近、痛切に感じるのは、企業ブランドの力であり、その創り方です。技術の差異性がつきにくくなり、先行者利益も数年で失われてしまいます。もはや、商品ひとつひとつの優位性の総体が企業の優位性とはなりにくくなりました。差異性がないものの総体は、差異性がないままです。加えて企業は社会的責務に基づき、行動をしなければなりません。CSRやコンプライアンスによって、社会との関係を真摯に結んでいかなければいけません。

簡単に言えば、企業は変わらなければ、社会や市場の中での生存場所を失います。たとえヒット商品が生まれて利益や株価が上昇しても、企業としての確固とした理念と日々のたゆまざる努力をおろそかにすれば、情報社会の中であっという間に失速するでしょう。

インナーブランディングの重要性を認識する企業が増えているのも、当然です。トップが理念を掲げても社員が自分事化しなければ、新しいアクションは起こせません。

グローバル部門やCSR部門やダイレクトマーケティング部門など、企業内に新しいビジネスに対応する専門スキル組織が次々に誕生し、社内相互のコミュニケーションに壁ができやすくなりつつあります。

さらに、現場は忙しく、目前のルーティンワークの効率を上げるだけで精一杯です。周りのことを気にしていられないだけでなく、会社のことも気にしていられないほどです。しかし、社内が統一されない状態で、世の中に強い商品ブランドを確立できるのでしょうか。中身のアイデンティティが大事なのです。

たとえば、「ユニークな発想で社会を楽しくする」という理念を掲げる会社があるとします。社員から出てくるのは、「上司は手堅い人だから部員はユニークになりようがない」「担当している得意先がユニークなアイデアなんか求めていない」「管理部門なので、きちんきちんと毎日を注意深くこなすことしか考えられない」などなどでしょう。現場は、理念では稼げないことだらけです。

しかし、心の中では、毎日同じような業務と対応で、自分の成長があるのだろうかとも考えています。理念を持って仕事をしたいと願ってはいます。あなたにとって、あなたの部署にとって「ユニーク」とは何なのかを問いかけ、考えることがスタートです。そのためには、社内の研修、ワークショップなどでの社員によるオープンな議論が必要になります。

私も、インナーブランディングに協力するスタッフとして、このような場に何度か出席したことがあります。初めは社員のみなさん（しかも、いろんな部署からなので初対面も多い）も緊張しています。乗り気でない方もいますが、しばらくすると眼が輝いてきます。他部門の方ともテーマについて深く話し始めます。

その時、いつも鮮烈に思うのは、ふたつのことです。

ひとつは、みなさん、会社や仕事を愛しているんだな、ということ。ふたつめは、もはや利益を上げろ！　というミッションだけでは社員は動かないんだな、ということです。ふたつめは特に大切で、日本では3・11以降、社会と自分、社会と自分の会社の関係を見つめ直す、そんな意識の転換を肌で感じます。

会社には理念が必要なのです。年度を締めて「よし、今年は数字達成！　来年も、がんばろう！」と言われて、うん、よかったと思う反面、それだけでいいのかな、とも自問しています。そんな社員が増えているのです。

ユニークな発想で社会を楽しくするという理念をカタチにするために、社員の方々に、自分の働き方を変えるユニークなアイデアを社内公募するのも有効です。社内が活性化するだけでなく、そのアイデアを本などにして社外に発表すれば、もっとモチベーションは上がっていきます。

大事なポイントは、このインナーブランディング作業には、外部のスタッフを入れることです。広報部や社長室がすべてを取り仕切ってしまったら、社内の朝礼や部会と何ら変わりありません。他者目線が絶対に必要です。

さて、企業発信の面からも話します。強い企業ブランドを構築する早道は、オウンドメディア（自社メディア）の活用にあります。企業のブランド戦略の中心的で統合的な発信価値を担います。生活者は、企業のブランド力をその企業のホームページに感じます。

企業のホームページには、大きく分けて商品・サービスの販売促進と、企業情報発信、コミュニティ形成（絆づくり）の3要素があるでしょう。いずれも企業ブランド形成に深くかかわります。特性上、効果や接触度がリアルタイムにわかり、顧客データの蓄積もできるので、合理的な運用ができます。むろんコンバージョンの件数が上がらず、担当部署のみなさんが頭を悩ませることもあるでしょう。しかし、企業ブランドを設計し、ＰＤＣＡを回せますから、まさに企業にとって「ハブ」のメディアです。

一方で、ホームページへの力の入れ方は各社まちまちで、粗雑なつくりのものもあります。もっと共感をつくれるコンテンツ・メディアに育ててほしいと思います。工夫のない売り買いの場や一方的な企業情報の付与だけでなく、その会社のカルチャーや個々の社員のがんばり、開発・技術への思い、そんなストーリーを語ってほしいのです。

絆を形成するクリエイティビティが足りないと感じます。まだオウンドメディアは安いメディアという認識の段階にとどまっている企業が多いように思います。

企業ブランドの時代が来ています。インナーブランディングを強化するために、ホームページを主軸に双方向のネットコミュニケーションの質を上げること。それらにより、企業を生命力にあふれた活動体にすることが求められています。

私の家のコンピューターはすべてＭａｃです。会社の業務ではＷｉｎｄｏｗｓを使っていて、その性能に驚くほどの大差がないことも知っています。しかし、私はアップルという「会社」が好きなのです。ですから、スマホ選びで、ｉＰｈｏｎｅ以外の選択肢を考えたことはありません。一度も、です。

企業で選ぶ生活者はこれからますます増えていくでしょう。企業ブランドを形成していくために、企業内部に目を向けて、問題点を発見し改善していく。そのためのスキルやノウハウを学習すること、それもマーケッターのセンスのひとつになります。

7条　幸せのきっかけづくりが、ブランドの仕事

先日、各社のマーケティング担当者が集まったところ、部門部署の壁の厚さが議論になったそうです。新たなブランドづくりも、ブランド・リニューアルも、ブランド拡張も、もはや一組織では決定はおろか進行もできません。

ブランド別に縦割りで動くケースもあるので、マーケッターがカバーできないほど

の仕事量になることもあります。日本の企業では顧客第一主義を掲げても、なかなかマーケティング関連組織の強化に結びついていないのが現状です。

アウトソーシングで外部視点を入れ、それをトリガーに社内のマーケティング組織を強化する。社内のキーマン中心にプロジェクトをつくり、知恵を先鋭化していく。営業部門をふくめ若手社員にマーケティング研修を行う。まさに企業内をマーケティングすることも必要です。

さらに重要な論点は、マーケティングの最終目標が利益を生み出すことでいいのか、という点です。私は、最終目標はブランドをつくることだと考えています。利益はその結果です。強いブランドは永続的なものであり、イメージシェアが高く維持され、顧客と相思相愛の絆ゆえに、さまざまなコストが大幅に削減できます。企業の健康と元気は、まさにブランド力によって保たれます。トータルコストの削減を新商品開発に向けることもできます。企業ブランドの信頼感が商品ブランドに良い影響を与え、好循環を生みます。

コトラーが最近、マーケティング4・0を提唱しています。マーケティング1・0

は、マスマーケティング中心の「製品」戦略です。2・0は、STPを考える、差別化戦略です。「顧客志向」の市場重視のフェーズです。3・0は、価値主導のマーケティングで、まさに「ブランド」戦略です。顧客と企業がブランドを共創していくなど、インタラクティブな世界観にも基づいています。

さて、マーケティング4・0は？「自己実現」だと定義づけています。自己実現の主語は、企業であり、社員であり、起業家であり、そして生活者もふくまれます。テーマは「社会」へと広がりました。そこで夢や理念に向かって進む「自己」を価値あるものにするのが、これからのマーケティングの役割だというのです。

うちの会社は、まだ1・0だよ、という方もいらっしゃるでしょうね。やっと2・0だよ、やっと3・0だよ、という声もあるでしょう。それはそれでいいのです。それぞれの企業の事情がありますから。

しかし、世の中を見ていると、確かに、成功している企業は、製品発想よりは、顧客発想。顧客発想よりはブランド価値発想。そんな傾向があります。マーケティング理論は、常に時代よりも進んでいますから、自己実現の時代はいつ頃、本格化するのでしょうか。もちろん、コトラーの未来予測が正しければの話ですが。

直感ですが、自己実現の時代はそう遠くない未来にやってくるでしょう。

ちょっと前ですが、一緒に仕事をしているコピーライターの女性に、「3、4日、干潟の干拓に関する運動に参加したい、ついては休みを取りたい、プレゼン準備の最中で本当に申し訳ないです、急で」と言われたことがありました。

メイン・コピーライターだったので、ひどく痛かったのですが、私は、行っておいで、と言いました。会社人、あるいは仕事人としては、イエスとは言いにくかったのですが、ソーシャルなテーマに向き合うことも大切だと思ったのです。損得ではなく、社会の価値と、彼女の生きる価値のために、です。

初めてこういうことに参加します、と言っていました。そして、成長を促す多くの体験を持ち帰ってきました。自己実現を通して、人は成長するのです。

人の幸せづくりを妨げているものを取り除き、意味がないのに存在しているルールを壊し、イノベーティブなもの（製品・サービス・システム・文化）を生み出していくのが、マーケティングであるなら、それは素晴らしいことです。

そして、ブランディングも同じだと思うのです。その本質は企業の利益創造だけでなく、人の幸せづくりであり、社会の質を上げることであるのです。その商品がどうしたら社会をより良くできるのか、そこを徹底的に考えることがブランドづくりです。

最近、マーケティング用語はずいぶんと難しくなりました。それを知らないといけないのはわかりますが、それを振り回すだけで中身をおろそかにしている風潮もあります。真剣に考えなければいけないのは、まず方法論ありきではなく、顧客のことであり、社会の向かう方向であり、より良い未来をつくっていこうとする熱意です。

つくってから売る、から、売れるからつくる、へ。

そして、幸せにするためにつくる、へ。

あなたがそういうセンスを身につければ、将来、優れたマーケッターとして揺るぎのない信頼を得ることでしょう。

参考文献

ブルーノ・ムナーリ『ファンタジア』みすず書房
フィリップ・コトラー／フェルナンド・トリアス・デ・ベス
『コトラーのマーケティング思考法』東洋経済新報社
西村克己『1分間コトラー』ソフトバンククリエイティブ
チップ・ハース／ダン・ハース『アイデアのちから』日経BP社
エリック・シュミット／ジョナサン・ローゼンバーグ／アラン・イーグル／ラリー・ペイジ
『How Google Works――私たちの働き方とマネジメント』日本経済新聞出版社
ダニエル・ピンク『ハイ・コンセプト』三笠書房
ウォーリー・オリンズ『ブランド創造史』創元社
サイモン・シネック『WHYから始めよ！』日本経済新聞出版社
J・A・シュンペーター『企業家とは何か』東洋経済新報社
アクセンチュア『CRM――顧客はそこにいる』東洋経済新報社
P・F・ドラッカー『非営利組織の経営』ダイヤモンド社

おわりに

社会人になったのは、高度経済成長のただ中でした。

毎日、原稿用紙と2Bの鉛筆を友に、ただ夢中でキャッチフレーズを書きなぐっていました。広告は写植と版下の時代で、仕事場が工房のようでした。お金のことを考えなくても、熱意と多少の知恵があれば、お金は入ってきた頃のことです。


それから、ほぼ15年。

社会にいっぺんに変革が訪れます。右肩上がりの経済の終焉、金融危機、デフレスパイラル、グローバリゼーション。同タイミングで、コンピューティングの時代もやってきます。携帯電話やメールで、コミュニケーションの量も質も激変し、結果、社会の価値観や生活者の生き方も非連続性を持って変わり、マーケティングの重要性もさらに増したわけです。

しかし、両方の時代をビジネスパーソンとして走った私は、最近、連続性のほうに目がいくようになりました。それは、人間が持っている「変わらない本質」です。そこに辿り着かないと、マーケティングやクリエイティブは、本当の実効性を持たないのではないか。そして、本質を見るためには、技術も必要だが、センスこそ必要なのではないか。それを新しいスキルと組み合わせることで、ブレイクスルーが実現するはず、と考えたのです。

人は生きる時代を選べませんが、私は両方の時代を生きられてラッキーだったと思います。そこで培われた「視点」をこの本のベースにしました。夏の暑さの中、読者のみなさまに読んでほしい一心で、2Bの鉛筆ではなく、Macで書き始め、何とか出版にこぎつけました。度々、アドバイスをいただいたマイナビの小山太一さん、入稿時にお世話になった田島孝二さん、この本の縁をつくっていただいたマイナビの中村勝彦さん、キャリアカウンセラーの堂谷祐規子さん。深く感謝いたします。より良い未来をつくるための一冊になることを切に願っています。

●著者プロフィール

黒澤　晃（くろさわ・あきら）

1953年、横浜生まれ。東京大学国史学科卒業。1978年、広告会社・博報堂に入社。コピーライター、コピーディレクターを経て、クリエイティブディレクターになり、数多くの企業の広告制作に携わる。また、マーケティング戦略を立案し、新発売から手がけたいくつもの商品をブランドとして確立した。日経広告賞など、受賞多数。2003年から、クリエイティブマネージメントを手がけ、クリエイターの人事・育成・教育などを行う。2013年退社。黒澤事務所を設立。現在に至る。東京コピーライターズクラブ（TCC）会員、武蔵野美術大学非常勤講師。

マイナビ新書

マーケティング・センスの磨き方

2015年2月28日　初版第1刷発行

著　者　黒澤　晃
発行者　中川信行
発行所　株式会社マイナビ
〒100-0003 東京都千代田区一ツ橋1-1-1 パレスサイドビル
TEL 048-485-2383（注文専用ダイヤル）
TEL 03-6267-4477（販売部）
TEL 03-6267-4483（編集部）
E-Mail pc-books@mynavi.jp（質問用）
URL http://book.mynavi.jp/

装幀　アピア・ツウ
印刷・製本　図書印刷株式会社

ISBN978-4-8399-5329-4

Printed in Japan